Markus Lau
Die Versuchung der Macht

TVZ

Markus Lau

Die Versuchung der Macht

Neutestamentliche Gegenentwürfe

EDITION **NZN**
BEI **TVZ**

Gedruckt mit freundlicher Unterstützung durch die Katholische
Kirche im Kanton Zürich und den Hochschulrat der Universität
Freiburg (Schweiz).

Der Theologische Verlag Zürich wird vom Bundesamt für Kultur
mit einem Strukturbeitrag für die Jahre 2019–2020 unterstützt.

Bibliografische Information der Deutschen Nationalbibliothek
Die Deutsche Bibliothek verzeichnet diese Publikation in der
Deutschen Nationalbibliografie; detaillierte bibliografische Daten
sind im Internet über http://dnb.d-nb.de abrufbar.

Umschlaggestaltung: Simone Ackermann, Zürich,
unter Verwendung einer Karikatur von Thomas Plaßmann

Druck: ROSCH-Buch Druckerei GmbH, Scheßlitz
ISBN (Print): 978-3-290-20199-9
ISBN (E-Book PDF): 978-3-290-20200-2

© 2020 Theologischer Verlag Zürich AG
www.edition-nzn.ch

Alle Rechte vorbehalten.

Pfarrer Winfried Baechler
Pater Rudolf Bleischwitz SM
Pfarrer Arnold Loch
in grosser Dankbarkeit gewidmet.

Inhaltsverzeichnis

Vorwort 11

Klerikalismus – oder: Die Versuchung der Macht.
Zur Hinführung 14

* * *

**«Nicht so bei euch ...» (Mk 10,43).
Widerstand gegen die Versuchungen
der Macht im Markusevangelium** 21

Dient einander! Das Charakteristikum von Jesusnachfolge im Markusevangelium schlechthin
(Mk 8,22–10,52) 23

Die Folgen: Kein Herr im Haus der Gemeinde
(Mk 10,28–31) 28

mater familias? Gemeindemütter à la Markus
(Mk 3,31–35) 36

«... wer der Grösste ist!» Missverständnisse der Schüler auf dem Weg nach Jerusalem (Mk 9,28–37) 42

«Weil er uns nicht nachfolgt» (Mk 9,38):
Kein Copyright auf das Handeln im Namen Jesu 50

Macht durch Solidarität? Noch immer nichts
verstanden! (Mk 10,32–45) 56

«Was immer du bindest ...» (Mt 16,19). Widerstand gegen die Macht eines Einzelnen im Matthäusevangelium 63

Petrus, der Mann mit der Schlüsselgewalt – oder: Die Geister, die ich rief ... (Mt 16,16–18) 65

Im Spiegel der anderen – oder: Wie man binden und lösen soll (Mt 23,1–13) 75

Nicht Petrus allein – oder: Die Macht der Gesamtgemeinde (Mt 18,15–18) 83

Exkommunikation? – oder: Die Einhegung der Macht der Gemeinde (Mt 18,15–18) 93

«Zugrunde geht der Schwache an deiner Erkenntnis ...» (1 Kor 8,11). Widerstand gegen die Macht von Ekstatikern, Neunmalklugen und Reichen im 1. Korintherbrief 99

Aufgeblasene Erkenntnis: Die Starken und Schwachen im Streit um Fleischkonsum, Vegetarismus und eine borniert Theologie (1 Kor 8) 101

Habenichtse und Trunkenbolde: Gemeindespaltung beim Herrenmahl (1 Kor 11,17–34) 110

Systemrelevant? Ein Geist und viele Charismen und der Streit um Prestige, Rang und Amt in Korinth (1 Kor 12) 123

Die Sprache der Engel? Die spalterische Kraft ekstatischer Phänomene und ihre paulinische Zähmung (1 Kor 14) 133

«Der Vorschlag fand die Zustimmung der
ganzen Menge ...» (Apg 6,5). Widerstand gegen
die Macht einsamer Entscheidungen, den Reiz
der Ausgrenzung und die verführerische Kraft
von Geld und Prestige 145

«Er gab sich als etwas Grosses aus» (Apg 8,9):
Die verführerische Anziehungskraft
der Macht des Geldes und des Prestiges
(Apg 3,1–26; 5,1–11; 8,5–25; 14,8–18) 147

Demokratie im Volk Gottes? Konflikte, ihre Lösungen
und Entscheidungsträger in Jerusalem und Antiochia
(Apg 6,1–6; 13,1–15,35) 159

Offene Türen? Die Versuchung der Macht der Aus-
und Abgrenzung (Apg 15,1–35) 170

Stürmische Zeiten für Schiffe und Gemeinden
(Apg 27,1–44) 179

* * *

Klerikalismus und die Versuchung der Macht:
Bleibend Bedenkenswertes 189

Literaturhinweise 194

Bibelstellenregister 197

Vorwort

Klerikalismus – neben «Missbrauch» eines der grossen Schlagwörter in den aktuellen Debatten um Kirchenkrise und Kirchenreform. Weniger klerikalistisch soll es in der Kirche zugehen, so wünschen es sich viele, und meinen damit, dass Macht in der Kirche nicht nur neu verteilt gehört, sondern die Kirche und ihre zumeist männlichen Vertreter noch grundsätzlicher über die Bücher müssen und die Machtfrage ganz neu zu stellen ist.

Wer in diesem Sinne auf eine weniger machtaffine Kirche hofft, hat das Neue Testament auf seiner Seite. Denn Jesus, Markus, Matthäus & Co. haben gegen die Versuchungen der Macht gekämpft, die die Jesusbewegung seit ihren Anfängen begleiten und mit denen etwas vom Wesentlichen beschrieben ist, was wir heute mit Klerikalismus meinen: Machtverteilung und Machtgehabe in der Kirche. Davon handelt dieses Buch. Es skizziert in 20 kurzen Beiträgen, wie die Evangelien, die Apostelgeschichte und die Paulusbriefe das Übel des Klerikalismus an der Wurzel packen und den diskreten Charme der Rhythmen der Macht zu durchbrechen suchen.

Dieses Buch hat eine Vorgeschichte. Ein Teil der Beiträge geht auf 10 biblische Impulse zurück, die ich im Mitteilungsblatt der Bistumsregion Deutschfreiburg veröffentlicht habe. Die Rückmeldungen waren zumeist sehr positiv, und dem Wunsch nach mehr bin ich gerne nachgekommen. Dass sich dieses «Mehr» in Buchform verwirklichen liess, freut mich sehr und verdankt sich der Bereitschaft der Edition NZN im

Theologischen Verlag Zürich, das Projekt zu realisieren. Dafür danke ich dem Verlag und vor allem meinem Lektor Markus Zimmer sehr herzlich. Die Zusammenarbeit war wirklich eine Freude. Ebenso dankbar bin ich allen Institutionen, die durch finanzielle Zuschüsse das Erscheinen des Buches ermöglicht haben: Der Katholischen Kirche im Kanton Zürich und dem Hochschulrat der Universität Freiburg/Schweiz.

Ein grosser Dank geht an Thomas Plaßmann, der auf die Anfrage des Verlages, Karikaturen zu diesem Buch beizusteuern, sofort positiv reagiert hat. Seine Beiträge beleuchten nochmals in ganz eigener und anderer Weise die im Buch thematisierten biblischen Texte. Ein ganz herzlicher Dank geht an meinen neutestamentlichen Kollegen und Freund Dr. Michael Hölscher (Mainz), der wie üblich Zeit gefunden hat, meine Texte zu lesen und von Fehlern und Formulierungsschwächen zu befreien. Ganz herzlich danke ich auch den Kolleginnen und Kollegen an meinen beiden Arbeitsstätten für ihre Ermutigung, manch hilfreiche Korrektur zum Text und die Freiräume, die auch die Entstehung dieses Buches ermöglicht haben: Im Bischofsvikariat Deutschfreiburg sind das Dr. Thomas Fries, Sr. Marie-Brigitte Seeholzer, Petra Perler und Marianne Pohl-Henzen und an der Universität Freiburg und ihrem Biblischen Departement vor allem Professor Dr. Thomas Schumacher und Prof. em. Dr. Max Küchler.

Meine Frau Christina Mönkehues-Lau hat die Buchwerdung mit grossem Interesse am Thema und Geduld für manche Abwesenheit begleitet. Aus ihrer pastoralen Praxiserfahrung heraus hat sie auch alle Beiträge des Bandes nochmals gelesen und kommentiert. Dafür bin ich ihr sehr dankbar. Für unsere Tochter Friederike hoffe ich, dass sie selbst in einer Kirche aufwachsen wird, die besser gelernt hat, mit individuellen und systemisch verursachten Formen von Klerikalismus und Versuchungen der Macht umzugehen. Das wäre jedenfalls nach meiner Lesart der biblischen Texte im Sinne des Neuen Testaments. Wenn das Buch dazu einen kleinen Beitrag leistet, hat es seinen Zweck schon mehr als erfüllt.

Das Buch ist drei Priestern gewidmet, die mich in unterschiedlichen Phasen meines Lebens, vom Kleinkind und Schüler bis hin zum Theologen und Familienvater begleitet und inspiriert haben – und das vermutlich mehr, als ihnen selbst bewusst ist. Alle drei sind für mich mit ihren unterschiedlichen Begabungen und Charismen authentische Priester, die ihren Dienst eben als einen solchen verstehen, die Leitungsverantwortung getragen haben und dabei – jedenfalls in meiner Wahrnehmung – erfrischend unklerikalistisch gewirkt haben und nicht den Versuchungen der Macht erlegen sind. Ich bin überzeugt: Menschen solcher Art, seien sie Diakon, Priester, Bischof, Seelsorgerin, Theologin oder engagierte Freiwillige, gibt es sehr viele in unseren Kirchen und Gemeinden. Und das macht Mut. Denn das System Kirche lässt sich nur von Innen neu und anders leben.

Freiburg (Schweiz), im April 2020
Markus Lau

*Klerikalismus – oder:
Die Versuchung der Macht.
Zur Hinführung*

Mit den Versuchungen der Macht im Neuen Testament, Strukturen der Macht in der Jesusgruppe und dem jesuanischen Widerstand gegen die Ausbildung von Machtstrukturen innerhalb seiner Gruppe und durch Gruppenmitglieder beschäftigen sich die Texte dieses Buches. Den Auftakt machen die folgenden Zeilen, die den Bogen von der Missbrauchskrise unserer Tage zurück zu den Versuchungen der Macht spannen, denen sich die Jesusgruppe von Anfang an ausgesetzt sieht.

* * *

Im Zuge der Debatte um Missbrauch und Missbrauchsvertuschung in der Kirche fällt oft auch das Stichwort «Klerikalismus». Mit Klerikalismus werden dabei in aller Regel Verhaltensweisen bezeichnet und charakterisiert, die mit Macht zu tun haben, Macht von zumeist geweihten Entscheidungsträgern innerhalb kirchlicher Strukturen. Diese Verhaltensweisen haben, so könnte man die Debatte versuchsweise zusammenfassen, zwar nicht unmittelbar sexuellen Missbrauch in der Kirche hervorgerufen. Sie haben ihn aber mindestens indirekt begünstigt, weil aus Gründen von Opportunität und Machterhalt, zur Wahrung des schönen Scheins und zur Vermeidung von Ansehensverlust für die Kirche und ihre Kleriker Vertuschungsstrukturen entwickelt und Schweigekartelle etabliert wurden, die indirekt Missbrauchstätern Chancen auf

„WEIDET MEINE SCHAFE"

weiteren Missbrauch eröffnet haben. Über lange Zeit bestand die kirchliche Strategie im Umgang mit Missbrauch darin, den Täter geräuschlos zu versetzen, die Taten zu verschweigen, Kritiker kaltzustellen, die Augen vor den Opfern zu verschliessen und so fort. Diese Strategien lassen sich auch als Auswirkungen von Klerikalismus verstehen. Klerikalismus ist zum Schlagwort für zweierlei Sachverhalte geworden: Mit Klerikalismus werden Versuche des Machterhalts von Klerikern bezeichnet, und zwar innerhalb der Kirche und gegenüber den Laien als dem anderen Teil des Volkes Gottes. Mit Klerikalismus sind aber auch Versuche gemeint, die diese Macht nach aussen, gegenüber Staat und Gesellschaft, vor Kritik immunisieren wollen. Es geht also um Macht und Machtstrukturen *in* der Kirche, um Amtsträger, deren Binnenmacht weder von innen (von den Gläubigen) noch von aussen (durch die Gesellschaft) gefährdet werden soll.

Schlägt man in einem der gängigen theologischen Lexika unter dem Stichwort Klerikalismus nach (etwa in der 3. Auflage des Lexikons für Theologie und Kirche [6 (1997) 130f. (Erich Garhammer)]), dann stösst man zunächst auf eine andere Definition. Klerikalismus meint nämlich ursprünglich Versuche der Kirche und speziell ihrer Kleriker, Macht *ausserhalb* der eigentlichen Strukturen der Kirche auszuüben. Kirchlicher Klerikalismus versucht machtvoll die Felder der Politik, die Welt der Staaten und Gesellschaften und das alltägliche Leben der Menschen zu bestimmen. Klerikalismus versteht dabei Kleriker als Träger besonderer Privilegien und den politischen Entscheidungsträgern übergeordnet oder als direkte Träger der weltlichen Macht, wie wir es etwa von Fürstbischöfen kennen, die als Landesherren und Bischöfe politische und religiös-kirchliche Macht in einer Person vereinen. Klerikalismus ist also eine Form des Herrschaftsanspruches, ist eine Machtfrage, die die Grenzen der Kirche bewusst überschreiten will.

Als politischen Herrschaftsanspruch der Kirche kennen wir Klerikalismus in Westeuropa heute kaum noch und verwenden auch den Begriff nicht mehr in diesem Sinn. Den Kampf um handfeste politische Macht hat die Kirche spätestens mit der Aufklärung und den Revolutionen des 18. und 19. Jahrhunderts Stück für Stück verloren. Echte kirchliche Sanktionsmacht ist, jenseits innerkirchlicher Strukturen, weitgehend verschwunden. Kirchlicher Klerikalismus ist insofern ein Rückzugsphänomen: Zunächst zurück von der grossen politischen Bühne in die private Welt der Schlaf-, Wohn- und Esszimmer der Menschen, deren alltägliche Verhaltensweisen kirchliche Amtsträger mit mehr oder weniger Erfolg zu reglementieren suchten, bis hin zurück in die nur noch innerkirchlichen Angelegenheiten und die Versuche, etwa durch die machtvolle Deklaration von unumstösslicher Tradition eine Ordnung im Hause Gottes zu schaffen, die bestimmten Gruppen Entscheidungskompetenzen und Macht im Gegenüber zu anderen Teilen der Kirche zuzusprechen versucht. Wenn wir heute von Klerikalismus sprechen, dann meinen wir in aller Regel dieses binnenkirchliche Phänomen.

Klerikalismus – ein Begriff im Wandlungsprozess

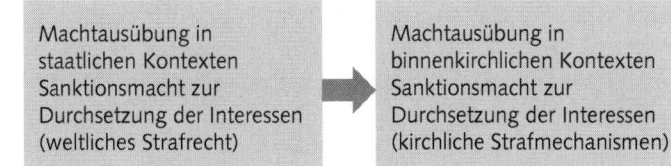

Machtausübung in staatlichen Kontexten Sanktionsmacht zur Durchsetzung der Interessen (weltliches Strafrecht)	➔	Machtausübung in binnenkirchlichen Kontexten Sanktionsmacht zur Durchsetzung der Interessen (kirchliche Strafmechanismen)

Bei allen Wandlungen, die der Begriff Klerikalismus durchgemacht hat: Immer geht es um Macht und Machtstrukturen, um Mächtige und Ohnmächtige, und immer wird die ausgeübte Macht durch die Verwendung des Begriffs Klerikalismus tendenziös (wenn wir ihn als beschreibenden Begriff verwenden) bis entschieden negativ (wenn wir ihn als Vorwurf konkret auf eine Person anwenden) charakterisiert. Klerikalismus, das ist so etwas wie die ungute Versuchung der Macht.

Man täusche sich im Übrigen nicht und wähne sich als Nichtkleriker auf der sicheren Seite: Klerikalismus ist ganz sicher keine Verhaltensweise, die allein auf Kleriker zutrifft. Klerikalismus ist, obwohl in seinem primären Ziel der Machtausübung zutiefst hierarchisch geprägt, geradezu dämonisch demokratisch: Viele Menschen unterschiedlichen Geschlechts, Alters, unterschiedlicher Kultur, Bildung, sexueller Orientierung, Konfession oder Religion sind für die Versuchung der Macht anfällig – in kirchlichen Strukturen genauso wie in sonstigen gesellschaftlichen Zusammenhängen. Kleriker und Nichtkleriker, Priester und Pfarreirätinnen, Sekretärinnen und Sigristen, Adjunktinnen und Pastoralassistenten, Professor*innen und Studierende können entschieden klerikalistisch auftreten, der Versuchung der Macht erliegen.

Dieses Phänomen der Versuchung der Macht in der Kirche ist alt. Auf jeden Fall so alt wie die Jesusbewegung selbst. Denn schon in den allerersten Texten, den Briefen und Evangelien des Neuen Testaments, finden wir Spuren der Versuchungen der Macht. Die berühmten und die weniger bekannten Schülerinnen und Schüler Jesu erliegen ihr von Zeit zu Zeit. Jesus, wie er uns in den Evangelien begegnet, hat dagegen gekämpft. Paulus und die Evangelisten auf ihre je eigene Weise auch, wobei es durchaus so scheint, dass Paulus & Co. manchmal selbst der Versuchung der Macht erlegen sind.

Von diesen Kämpfen, von den jesuanischen, paulinischen, markinischen, matthäischen und lukanischen Auseinandersetzungen mit den Versuchungen der Macht, handelt dieses Buch. Es will einen kleinen Beitrag zu einer Reflexion von Machtstrukturen in unseren Kirchen leisten und aus biblischen Texten heraus begründete Optionen für Alternativen zu manch scheinbar unumstösslicher Tradition liefern. Das ist zwar zuweilen keine leichte und unterhaltsame Kost, ist aber für gegenwärtige Debatten um Missbrauch und vor allem um Strukturen und die Verteilung von Macht in der Kirche durchaus bedenkenswert. Manche Versuchung der Macht nämlich scheint sich geradewegs zu wiederholen, und nie eingelöste neutestamentliche Visionen und Optionen bleiben auch heute noch ein Stachel im Fleisch der Kirche, weil sie hinter den jesuanischen Ansprüchen zurückgeblieben ist. Darum soll es gehen.

Das Buch hat vier neutestamentliche Schwerpunkte. Es nimmt mit dem Markus- und dem Matthäusevangelium zwei Jesusgeschichten in den Blick, die im Spiegel einer Jesuserzählung indirekte Einblicke in Gemeindesituationen geben, in denen Versuchungen der Macht verhandelt werden. Das heisst, hinter den Erzählfiguren, die Matthäus und vor allem Markus Versuchungen der Macht durchleben lässt, stehen immer auch Erfahrungen der jeweiligen Gemeinden mit Macht und Machtstrukturen in ihrer Zeit und Situation. Im Anschluss wenden wir uns zwei Textwelten zu, die viel direkter Einblicke in Gemeindesituationen geben, in denen Versuchungen der Macht anzutreffen sind. Dazu blicken wir mit Paulus nach Korinth und mit Lukas nach Jerusalem und Antiochia. Allen Texten ist gemeinsam, dass die Erzählstimmen – zum Teil vermittelt durch die Hauptpersonen der jeweiligen Texte – Versuchungen der Macht kritisch beleuchten und Umdenkprozesse bei den Leserinnen und Hörern der jeweiligen Texte bewirken wollen. Und manches davon könnte auch direkt an uns heute gesprochen sein.

Keine Frage: Die Auswahl an neutestamentlichen Texten ist subjektiv und vor allem nicht erschöpfend. Versuchungen der Macht begegnet man in vielen anderen Kapiteln des Neuen wie des Alten Testaments, und wenn dieses Buch Sie als Bibelleserin und -leser animiert, auf die Suche nach Versuchungen der Macht in biblischen Texten und den in diesen Texten entworfenen Alternativen zu gehen, so wäre auch das ein Ziel dieses Buches.

Die Bibeltexte, die im Buch zitiert werden, stammen in aller Regel aus dem Münchener Neuen Testament (und seltener auch aus der 2016 revidierten Einheitsübersetzung). Sein Übersetzungsprinzip lautet: «So griechisch wie möglich, so deutsch wie nötig». Es ist eine der besonders urtextnahen Bibelübersetzungen im deutschen Sprachraum. Manches ist dabei gewöhnungsbedürftig und verlangt beim Lesen Aufmerksamkeit. Freilich bietet sich so die Chance, die zuweilen fast allzu vertraut klingenden biblischen Texte neu zu hören und zu lesen. Wo es mir aus Gründen der Philologie des griechischen Textes sinnvoll erschien, die Übersetzung anzupassen, biete ich eine eigene Übersetzung.

Dieses Buch kommt schliesslich ohne Fussnoten oder sonstige Anmerkungen aus, ist aber natürlich nicht im exegetisch luftleeren Raum entstanden. Das Literaturverzeichnis am Ende des Bandes nennt einige Titel, die mich bei meiner Arbeit mit den biblischen Texten begleitet und geleitet haben. Da und dort sind in den Miniaturen Tabellen, Skizzen oder auch kurze Erklärungen eingefügt, die Hintergrundinformationen bieten oder der Veranschaulichung dienen.

«Nicht so bei euch ...»
(Mk 10,43)
Widerstand gegen
die Versuchungen der Macht
im Markusevangelium

*Dient einander!
Das Charakteristikum
von Jesusnachfolge
im Markusevangelium schlechthin
(Mk 8,22–10,52)*

Unsere Reise zu den Versuchungen der Macht im Neuen Testament beginnen wir im Markusevangelium, der ältesten Erzählung über Jesus, die wir im Neuen Testament finden. Um das Jahr 70 n. Chr. in Rom entstanden, erzählt die Jesusgeschichte des Markus, wie sich Jesus das Leben in seiner Schülergruppe vorstellt. Damit entwirft das Markusevangelium zugleich Visionen, wie das Leben in den späteren Gemeinden, eben auch in der Gemeinde des Markus, gestaltet sein soll. Für das Markusevangelium sind dabei die Stichworte «Dienst» und «Dienen» entscheidend.

*   *
   *

Eingebettet zwischen zwei Blindenheilungsgeschichten (Mk 8,22–26; 10,46–52) erzählt das Markusevangelium vom Weg Jesu von Galiläa nach Jerusalem. Dieser Weg führt nicht nur von den glanzvollen Zeiten Jesu in Kafarnaum und in ganz Galiläa und seinen Nachbarregionen im Norden des heutigen Israels (Mk 1–8) hinüber in die Welt der Passion nach Jerusalem und Golgota (Mk 11–16). Der Weg – im Übrigen in der Apostelgeschichte des Lukas eine der Selbstbezeichnungen für die Angehörigen der Jesusbewegung (vgl. etwa Apg 9,2) – ist auch ein Lernweg für die Schülerinnen und Schüler Jesu, die ihren Meister begleiten. Auch ihnen sollen, wie den beiden geheilten Blinden zu Beginn und am Ende des Weges, sprichwörtlich die Augen aufgehen, und sie sollen lernen, was es heisst, ein Jesusschüler zu sein, was Charakteristika von Jesusnachfolge sind und wie sich das Leben in der Schülergruppe entsprechend den Visionen und Idealen Jesu gestalten soll. Hierher gehören die Sprüche vom Kreuztragen und vom Verleugnen seiner selbst, was im Rahmen des Markusevangeliums so viel bedeutet wie, sich zu Jesus auch in Krisenzeiten zu bekennen – beides Verhaltensweisen, die zu Merkmalen von Jesusnachfolge erklärt werden (Mk 8,34). Hierher gehört aber auch die Aufforderung, einander zu dienen (Mk 9,35; 10,43–45), mit der sich insbesondere jene konfrontiert sehen, die lieber nicht dienen wollen, sondern selbst bedient werden möchten, weil sie sich für VIPs der Jesusbewegung halten – aber dazu später mehr.

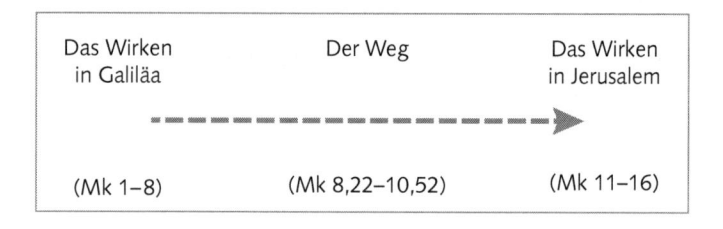

Das Wirken in Galiläa	Der Weg	Das Wirken in Jerusalem
(Mk 1–8)	(Mk 8,22–10,52)	(Mk 11–16)

«Dienen» – damit ist im Rahmen des Zentrums des Markusevangeliums ein entscheidendes Stichwort für die Nachfolgethematik gefallen. Aufmerksamen Leserinnen und Lesern des Textes ist der Begriff bestens vertraut. Sie kennen ihn, seitdem die Engel Jesus gedient haben (Mk 1,13) und die Schwiegermutter des Petrus, dem Beispiel der Engel folgend, ebenfalls begonnen hat, Jesus zu dienen (Mk 1,29–31). Dienen und Nachfolgen gehört zusammen, wie etwa Mk 15,40 f. für eine Reihe weiterer Frauen nach dem Tod Jesu erzählt:

[40] Auch einige Frauen sahen von Weitem zu, darunter Maria aus Magdala, Maria, die Mutter von Jakobus dem Kleinen und

> Joses, sowie Salome; *⁴¹* sie waren Jesus schon in Galiläa *nachgefolgt und hatten ihm gedient.* Noch viele andere Frauen waren dabei, die mit ihm nach Jerusalem hinaufgezogen waren.

Obwohl in diesem markinischen Text allein von dienenden Frauen die Rede ist und die dienende Schwiegermutter des Petrus natürlich auch eine Frau ist, wäre es ein erheblicher Fehlschluss, wollte man meinen, dass «dienen» eine spezifisch weibliche Form der Jesusnachfolge wäre. Dem steht schon entgegen, dass auch die männlichen Schüler Jesu in Mk 8–10 mit der Aufforderung zu dienen konfrontiert werden. Dies geschieht etwa beim grossen Freiluftpicknick der 5000 Männer (Mk 6,35–44). Hier fordert Jesus seine Schüler auf, als Diener zu fungieren und die Menge mit Speisen zu bewirten – und trifft dabei auf den Widerstand seiner männlichen Schüler, denn diese möchten lieber die Volksmenge wegschicken: «Gebt ihr ihnen zu essen!», fordert Jesus von ihnen. Nein, vielmehr erzählt Markus allein von Frauen, dass sie von sich aus dienen und damit Jesusnachfolge leben, wie dies die Schwiegermutter des Petrus tut und wie es eben Mk 15,40f. für eine Reihe weiterer Frauen nach dem Tod Jesu nachträgt. Pointiert gesagt: Frauen im Markusevangelium gelingt, woran markinische Männer immer wieder scheitern. Sie können Jesus so nachfolgen, wie es dem Ideal von Jesusnachfolge im Markusevangelium entspricht: Dienend!

Dienen und die Bereitschaft, selbst Dienerin oder Diener aller zu sein, werden dabei vom Jesus des Markus auch als Kontrast zu einer ganz anderen Verhaltensweise in den Text eingeführt. Dienen steht in Opposition zum Herrschen, zum Gross-sein-Wollen, zum Machthaben. Das machen insbesondere die Kapitel Mk 9–10 deutlich, die uns im Fortgang des Buches noch beschäftigen werden. Für den Moment nur so viel: Dem Streben nach den ersten Plätzen in der Jesusgruppe, nach einer machtvollen Position und nach einer entscheidenden Rolle setzt der markinische Jesus das Ideal des Dienstes aneinander entgegen. Wer gross und Erster sein will, soll danach streben, Diener, ja Sklave aller zu sein. Nicht machtvoll herrschen wollen, sondern einander dienen wollen, ist das Gebot der Stunde.

Diese Charakteristika von Jesusnachfolge gelten nicht nur für die Jesusbewegung des Anfangs. Sie sollen natürlich auch das Miteinander der markinischen Gemeinde prägen, die wir uns vielleicht am besten als einen Verband mehrerer Hausgemeinden in Rom vorstellen dürfen, zu denen vielleicht 50–100 Personen gehören, vielleicht auch etwas mehr. Die konkrete Grösse bleibt Spekulation. Markus schreibt also eine Art «inklusive Jesusgeschichte» (ein Begriff, den der Berner Bibelwissenschaftler Ulrich Luz in die Matthäusforschung eingebracht hat: vgl. U. Luz, Die Jesusgeschichte des Matthäus, Neukirchen-Vluyn 1993, 20.75–79), in der sich gebrochen und in die Zeit Jesu rückverlagert auch die Geschichte der markinischen Gemeinde gut 40 Jahre nach dem erzählten Leben Jesu spiegelt. Zuallererst für seine Gemeinde schreibt Markus seine Jesusgeschichte und entwirft das Ideal dienender Nachfolge. Sein Gemeinde-Ideal wird man sich also dahingehend vorstellen dürfen, dass es in seiner Gemeinde im übertragenen Sinne nicht grosse und kleine, mächtige und ohnmächtige, wichtige und weniger wichtige, gleichsam klerikale und laikale Gemeindeglieder gibt oder jedenfalls geben sollte. Seinem Ideal nach dienen alle einander, sind als Diener zugleich Bediente, sind zugleich die Grössten und die Kleinsten. Das ist nicht eine Art umgekehrte Statuspyramide, bei der die Grössten die Kleinsten sind, weil die Herren als Diener fungieren. Es ist vielmehr eine egalitäre Welt, bei der Dienen und Bedientwerden zusammenfällt und jeder Diener zugleich durch andere bedient wird, weil alle von sich aus, in den Fussstapfen der Schülerinnen und Schüler Jesu und vor allem in der Nach-

Dient einander! 27

folge Jesu, einander dienen, der seinerseits «nicht kam, um bedient zu werden, sondern um zu dienen» (Mk 10,45). Einander dienen als Charakteristikum von Jesusnachfolge ist dann auch Nachahmung Jesu. Nachfolgen = nachahmen ist eine der Grundgleichungen der frühen Jesusbewegung.

Diese Dienstbereitschaft aneinander im Rahmen der markinischen Konzeption von Jesusnachfolge ist für Markus nicht einfach nur schöne Theorie, die sich im konkreten Alltag der Jesusgemeinde des Markus leicht zähmen und in der Sache entschärfen liesse. Das markinische Programm von Jesusnachfolge ist von Markus für seine Gemeinde absolut konkret gemeint. Für Markus gibt es nämlich tatsächlich keine machtvollen Gemeindeleiter, keinen Herrn im Haus der Gemeinde, keinen pfarrherrlichen Gemeindevater, der Chef im Ring wäre. Es gibt nur Brüder, Schwestern, Kinder und – Achtung! – Mütter der Gemeinde. Wo und wie Markus das erzählt – davon mehr auf den nächsten Seiten.

Die Folgen:
Kein Herr im Haus der Gemeinde
(Mk 10,28–31)

Die Bereitschaft, einander zu dienen und auf Macht zu verzichten, ist typisch für Jesusnachfolge im Markusevangelium. Damit das nicht nur schöne Theorie bleibt, sondern sich auch im Alltag der markinischen Gemeinde konkretisiert, beschreibt Mk 10,28–31 Rollen und Strukturen, die es in der Jesusgemeinde gibt und eben auch nicht gibt – jedenfalls aus der Sicht des markinischen Jesus nicht geben sollte.

* * *

«Und was habe ich davon?» – Meine Eltern habe ich mit dieser Frage offenkundig manchmal genervt. Die kindliche Egozentrik, die zuweilen wissen wollte, welcher persönliche «Gewinn» sich aus der Hilfe im Haushalt, im Garten oder beim täglichen Abwasch ergibt, konnte unerbittlich sein. «Was habe ich davon?!» «Warum soll ich mitmachen? Warum helfen?»

Auch die Schüler Jesu im Markusevangelium kennen diese Frage und stellen sie ihrem Meister sinngemäss genauso: «Was haben wir eigentlich davon, dass wir alles verlassen haben und dir auf deinem Weg nachfolgen? Worin besteht unser Gewinn als Schüler, gerade auch als Schüler der ersten Stunde?» Es ist der markinische Petrus, der Jesus im Rahmen von Mk 10,28 diese Frage stellt: «Siehe, wir haben alles verlassen und sind dir gefolgt!», formuliert Petrus und meint damit: Haben wir uns damit nicht etwas verdient? Und das Matthäusevangelium ergänzt sogar ganz in der Linie des Markus: «Was werden wir dafür bekommen?» (Mt 19,27)

Die Idee der Schüler scheint zu sein, dass sie eine Art besondere Belohnung, vielleicht in Form von Prestige, Ehre oder auch Macht für ihren Einsatz erhalten. Und in der Tat: Matthäus lässt seinen Jesus sagen, dass die grossen Zwölf der Schüler Jesu, die Jünger der ersten Stunde, dereinst auf zwölf Thronen sitzen und über Israel zu Gericht sitzen werden (so Mt 19,28). Der Einsatz der Schüler hat sich im Rahmen des Matthäusevangeliums also gelohnt. Sie werden als Gerichtsherren amten, ja zu Gericht über ganz Israel thronen. Was für ein Zugewinn an Macht für die einfachen Fischer und Handwerker aus Galiläa.

Ganz anders das Markusevangelium, dessen Spuren wir weiter folgen wollen: Der markinische Jesus konkretisiert in seiner Antwort an Petrus, was dieses «wir haben alles verlassen» bedeutet, und stellt, ganz der Logik des Petrus entsprechend, eine Art Gewinn- und Verlustrechnung auf (Mk 10,29 f.):

> [29] Amen, ich sage euch, keiner ist, der verliess Haus oder Brüder oder Schwestern oder Mutter oder Vater oder Kinder oder Äcker wegen meiner und wegen des Evangeliums, [30] ohne dass er empfängt Hundertfaches: jetzt in dieser Zeit Häuser und Brüder und Schwestern und Mütter und Kinder und Äcker unter Verfolgungen, und in der kommenden Welt ewiges Leben.

Diese Rechnung hat es bei näherer Betrachtung in sich. Das wird überdeutlich, wenn man die einzelnen Positionen einander gegenüberstellt:

Verlust	Gewinn
Haus	«Hundertfaches»: Jetzt in dieser Zeit: Häuser
Brüder	Brüder
Schwestern	Schwestern
Mutter	Mütter
Vater	---
Kinder	Kinder
Äcker	Äcker
	und in der kommenden Welt ewiges Leben

Deutlich wird: Die Gewinne übersteigen die Verluste um ein Vielfaches. Alle Gewinnpositionen sind konsequent im Plural gehalten, die Verluste hingegen kennen auch den Singular. Und: Alle Verluste sind mit «oder» konstruiert, die Gewinne mit «und». Wer sein Haus aufgibt, aber ansonsten bei Familie und Äckern bleibt, gewinnt also trotzdem alles dazu. In der markinischen Diktion gewinnt er «Hundertfaches» in der jetzigen Zeit und – gleichsam als Krönung – ewiges Leben in der Zukunft der Gottesherrschaft, die mit der «kommenden Welt» gemeint ist. Schliesslich: Diese Gewinn- und Verlustrechnung gilt nicht nur für die Schüler der ersten Stunde – das war die Frage des Petrus –, sie gilt für alle. Das hält der markinische Jesus gleich zu Beginn von V. 29 fest: «Keiner, der ...» Das heisst für jede und jeden, die oder der in die Jesusnachfolge eintritt und eine der genannten Positionen dabei aufgegeben hat, gilt die Gewinnrechnung. Schon das ist starker Tobak für Petrus & Co. Früher Einsatz und maximale Einsatzbereitschaft in der Jesusnachfolge («*wir* haben *alles* verlassen» [V. 28]) zahlen sich bei Markus nicht mehr oder anders aus als der numerisch und zeitlich vielleicht geringere Einsatz der anderen. Schärfer noch: Im sich an die Rechnung anschliessenden V. 31 mutet Jesus Petrus als dem Schüler der ersten Stunde den berühmten Satz zu: «Viele Erste aber werden Letzte sein und [die] Letzte[n] Erste». Besondere Leistungen in der Nachfolge berechtigen in keiner Weise zur Annahme, damit auch Erster im Reich Gottes zu sein.

Wie stellt sich das Markusevangelium nun Verlust und Gewinn konkret vor? Denn wenn die Rechnung aufgehen soll, dann muss der Gewinn in der «Jetzt-Zeit», von der V. 30 spricht, auch praktisch erlebbar sein. Und das bedeutet eben auch: in den Tagen der markinischen Gemeinde um 70 n. Chr. Gedacht ist offenkundig daran, dass Haus- und Ackerbesitzer die alleinige Verfügungshoheit über Haus und Hof aufgeben und Privathäuser sich in Gemeindehäuser wandeln, in denen Gottesdienst gefeiert wird, miteinander gegessen wird, durchreisende Brüder und Schwestern eine Unterkunft finden können (auf diese Weise reist z. B. Paulus von Zeit zu Zeit), die Früchte der Äcker allen Gemeindegliedern zugutekommen können und biologische Familienstrukturen sich für soziale Familienstrukturen, eben die Gottesfamilie der Jesusanhänger, öffnen, so dass man plötzlich viele Brüder und Schwestern, Mütter und Kinder hat, obwohl man mit diesen überhaupt nicht biologisch verwandt ist. Begriffe, die ihre Wurzel im Beziehungsgeflecht einer Familie haben, werden also metaphorisch genutzt, um das Beziehungsgeflecht der Jesusanhänger zu beschreiben. Wer also in die so strukturierte Jesusbewegung einsteigt, gibt zwar gleichsam sein Haus auf, gewinnt aber viele Häuser hinzu, weil er selbst als Schwester oder Bruder zu Gast in anderem Haus sein kann. So entsteht ein Netz von Hausgemeinden, die aus ehemaligen Privathäusern bestehen, die sich in Gemeindehäuser gewandelt haben. Die existierende Infrastruktur des Privathauses wird christlich überformt.

Freilich gibt es für diese Transformationen auch Grenzen. So fällt auf, dass die Beziehungsachse Mann und Frau von Markus überhaupt nicht thematisiert wird. Im markinischen Text kommt nämlich nicht in den Blick, dass man die eigene Frau oder den eigenen Mann verlassen muss oder kann. Zugleich werden aber Kinder und Eltern als potenzielle Objekte des «Verlustes» genannt. Markus hat also die mittlere Generation im Blick, die noch Eltern und schon Kinder hat. Und auf der Ebene dieser Generation sind Frauen und Männer offenkundig unterschiedslos angesprochen. In der Folge bringt der Eintritt in die Jesusbewegung gerade nicht die Notwendigkeit mit sich, die eigene Liebesbeziehung aufzugeben. Das Lukasevangelium wird das anders sehen und richtet sich mit der Forderung, die Beziehung zur Frau aufzugeben, offenkundig allein an Männer (Lk 18,29). Bei Markus aber können auch Ehepaare gemeinsam Jesusnachfolge leben – und dürfen damit rechnen, dass ihre Eltern und Kinder nun nicht nur durch sie, sondern durch das gesamte Netz der Jesusbewegung umsorgt werden. Frau und Mann werden also nicht füreinander zu Geschwistern, wohl aber sind sie jeweils Bruder und Schwester mit Blick auf die anderen Jesusnachfolgenden. Beispiele solcher Ehepaare in der Nachfolge Jesu finden sich mit Andronikus und Junia sowie Priska und Aquila sowohl in der Apostelgeschichte (Apg 18,2.18.26) wie auch in Paulusbriefen (Röm 16,3.7; 1 Kor 16,19). Und auch Petrus ist auf den Spuren Jesu gemeinsam mit seiner Frau unterwegs, die für Paulus selbstverständlich den Titel «Schwester» trägt, für Petrus aber natürlich seine Frau ist, wie Petrus für sie ihr Mann ist (vgl. 1 Kor 9,5).

Bei allen Gewinnen, die der Eintritt in die Jesusbewegung nach Mk 10,28–31 mit sich bringt – eins gewinnt man nicht: Niemand gewinnt Väter hinzu. Diese Rolle gibt es in der markinischen Gemeinde einfach nicht. Und das ist bezeichnend. Die Position des *pater familias*, des Herrn im Haus, der in der

Antike machtvoll über sein Haus und die Bewohner des Hauses herrscht, bleibt unbesetzt. Man verlässt also seinen Vater, verlässt als Vater auch seine Rolle als *pater familias*, und wird doch nicht zu einem Gemeindevater. In der markinischen Gemeinde gibt es keinen Haushaltsvorstand, keinen Chef der Gemeinde, keinen Bischof oder Pfarrherrn. Niemand kann für sich die Rolle als machtvoller Chef im Haus der Gemeinde, in der Hausgemeinde, beanspruchen. Wer als Hausbesitzer und *pater familias* sein Haus in ein Gemeindehaus transformiert, kann und darf also nicht damit rechnen, dass er als Gastgeber der Gemeinde auch *pater familias* der Gemeinde in seinem Haus wäre und etwa den Vorsitz beim Gottesdienst hätte. Zugespitzt formuliert: Markinische «Kirchengebäude» kennen keinen Pfarrer mit Hausrecht und Schlüsselgewalt. Der bisherige *pater familias* wird vielmehr zum «Bruder» und «Kind», den einzigen Rollen auf der Gewinnseite, die explizit Platz für Männer lassen. Das ist irritierend und findet sich doch auch an anderen Stellen im Neuen Testament. So kann der in den 50er Jahren des 1. Jahrhunderts n. Chr., etwa 20 Jahre vor dem Markusevangelium entstandene Philemonbrief des Paulus davon sprechen, dass der christliche Haus- und Sklavenbesitzer Philemon, ein waschechter *pater familias* also, seinen zu Paulus entlaufenen Sklaven Onesimus nicht mehr als Sklaven, sondern als Bruder betrachten soll (Phlm 16), was zur Folge hat, dass der *pater familias* Philemon seinerseits zum Bruder seines Sklaven wird und fortan nicht mehr die Rolle des *pater familias* spielen kann. Aus Herr und Sklave sind gleichwertige Brüder geworden.

Keine Frage, das ist gerade für männliche Hausbesitzer hart. Sie müssen mental und im Blick auf ihre faktischen Entscheidungsbefugnisse viel Gewohntes hinter sich lassen. Und doch schreibt es Markus in seine Jesusgeschichte hinein und lässt seinen Jesus solche Strukturen von Gemeinde und Nachfolge entwerfen. Dienst und Dienstbereitschaft als zentrale Merkmale von Jesusnachfolge im Markusevangelium vertragen sich einfach nicht mit Machtstrukturen und einem christlichen *pater familias* im Haus der Gemeinde. Markus würde insofern gewiss jedem Versuch widersprechen, Macht de facto auszuüben und diese Ausübung hierarchischer Leitungsmacht gar als Dienst anzusehen und auch in diesem Sinne zu bezeichnen. Gemeindeleiterinnen und Gemeindeleiter, die sich als «Diener Gottes» oder gar als «Diener der Diener Gottes» verstehen und nicht tatsächlich auch wirklich dienen, sondern Machtausübung als «Dienst» kaschieren, hätten beim markinischen Jesus schlechte Karten.

Für die Schüler Jesu verbirgt sich hinter der Frage «Was habe ich davon?!» in der Inszenierung des Markus also eine Versuchung der Macht: Zwischen sich selbst als dem Leistungsträger, der sich dienend engagiert, und den anderen, die sich augenscheinlich weniger einsetzen, zu differenzieren und obendrein zu erwarten, dass sich «Leistung wieder lohnen muss» und also im Vergleich zu den anderen besonders belohnt gehört, am besten in der Währung der Macht, ist eine waschechte Versuchung der Macht, der Petrus stellvertretend für die Zwölf zu erliegen droht. Markus lässt seinen Jesus diese Versuchung subtil und doch nachhaltig korrigieren. Dienst und Macht sind nicht zwei Seiten einer Medaille, sondern sind unverträglich wie Feuer und Wasser. Die markinische Gemeinde als Gruppe von Dienenden ist eine Gemeinde ohne Herr im Haus! Und auch für die markinischen Frauen, die sich im Licht von Mk 10,28–31 durchaus zu Recht als Gemeindemütter verstehen dürfen, gibt es da keine Ausnahme. Auch die *mater familias* ist dem Ideal des Dienstes verpflichtet. Mehr dazu im nächsten Beitrag.

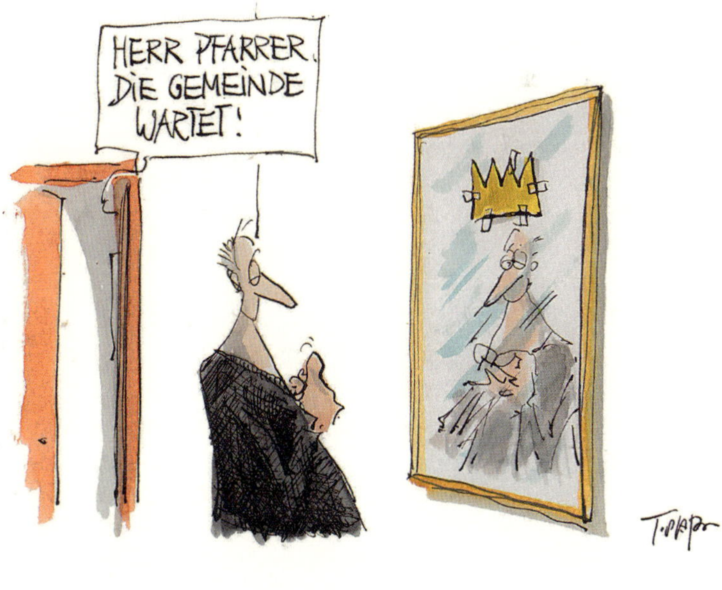

mater familias?
Gemeindemütter à la Markus
(Mk 3,31–35)

Die Verlust- und Gewinnrechnung von Mk 10,28–31 hat deutlich gemacht, dass es in der markinischen Gemeinde und in der markinischen Konzeption der Jesusbewegung insgesamt die Rolle des Hausvorstands, des *pater familias* als Gemeindeleiter, nicht gibt. Ebenso sind wir über die Gemeindemütter gestolpert, die es neben Brüdern, Schwestern und Kindern in der Gemeinde gibt. Ist Macht in Frauenhand also bei Markus erlaubt?

* **

Mutter in einer Jesusgemeinde sein, eine *mater familias* sozusagen? Zumindest steht der Verdacht im Raum, dass das Markusevangelium zwar für Männer nicht die Rolle des Hausvaters vorsieht, aber ja vielleicht subtil einer Art Matriarchat das Wort redet und Gemeindeleitung durch Frauen favorisiert. Denn mächtige Frauen gibt es in der Antike natürlich genauso wie in allen anderen Zeiten der Geschichte. Sind markinische Gemeindemütter also mächtig? Zunächst: Dass Frauen gerade an den Anfängen der Jesusbewegung auch in Hausgemeinden Leitungsfunktionen übernehmen konnten und in der einen oder anderen Form auch Macht ausgeübt haben, ist heute weitgehend unbestritten. Phöbe in Korinth (Röm 16,1) ist ein Beispiel, Lydia in Philippi (Apg 16) ein weiteres, Junia scheint gemeinsam mit ihrem Mann Andronikus gar den Aposteltitel zu tragen (Röm 16,7). Weitere Beispiele mindestens aktiver, vielleicht auch mächtiger Frauen lassen sich in den Briefanfängen und -schlüssen der Paulusbriefe finden. Wird die markinische Gemeinde also von einer Frau, einer Gemeindemutter geleitet?

Ausschliessen lässt sich das nicht einfach, aber gewiss auch nicht mit grösserer Wahrscheinlichkeit behaupten. Was sich aber sagen lässt, ist, dass auch eine leitende Gemeindemutter nach Markus nicht die Verhaltensweisen an den Tag legen dürfte, die einen typischen *pater familias* der Antike kennzeichnen würden. Auch Gemeindemütter sind dem Ideal des gegenseitigen Dienstes verpflichtet. Damit es daran keine Zweifel gibt, erzählt Markus bereits relativ zu Beginn seines Evangeliums von einer Art Gemeindemutter, einer Mutter in der Gruppe um Jesus. Einschlägig ist Mk 3,31–35:

> [31] Und (es) kommt seine Mutter und seine Brüder, und draussen stehend, schickten sie zu ihm, rufend ihn. [32] Und (es) sass um ihn eine Volksmenge, und sie sagen ihm: Siehe, deine Mutter und deine Brüder [und deine Schwestern] draussen suchen dich. [33] Und antwortend ihnen, sagt er: Wer ist meine Mutter und (welche sind) [meine] Brüder? [34] Und rings anschauend die um ihn im Kreis Sitzenden, sagt er: Sieh, meine Mutter und meine Brüder! [35] [Denn] wer immer tut den Willen Gottes, dieser ist mein Bruder und (meine) Schwester und Mutter.

Der Text lebt vom Kontrast zwischen zwei Familien und zwei Orten. Jesus befindet sich in einem Haus (ab Mk 3,20), das vermutlich in Kafarnaum steht. Ab Mk 1,29 ist nämlich immer wieder von einem Haus in Kafarnaum die Rede, in das Jesus einkehrt, in dem er lehrt und heilt und das sich vom Privathaus zu einer Art Gemeindehaus gewandelt hat. In diesem Haus könnte auch Mk 3,31–35 spielen. Im Haus versammelt sind Jesus und die Gruppe um ihn, die aus Frauen und Männern besteht (Mk 3,35). Vor dem Haus stehen Maria, die

Mutter Jesu, und die Brüder Jesu (die in V. 32 in eckigen Klammern genannten Schwestern Jesu sind textkritisch umstritten: Nicht alle Handschriften nennen an dieser Stelle Schwestern, insofern ist unsicher, ob in der ältesten Texttradition auch von Schwestern die Rede war; dass Jesus freilich Brüder und Schwestern hatte, hält spätestens Mk 6,3 entschieden fest). Sie suchen Jesus, vermutlich, weil man sich über ihn erzählt, dass er wie von Sinnen, ja vielleicht sogar dämonisch besessen sei. Das ist das Thema von Mk 3,21–29. Hineingehen ins Haus wollen Maria und die Geschwister Jesu offenbar nicht. Personen aus der Menge um Jesus informieren ihn, dass seine leibliche Familie vor der Tür steht. Aber: Die Familie bleibt draussen, tritt nicht ein in das Gemeindehaus und wird entsprechend auch nicht Teil der Nachfolgegemeinschaft um Jesus, die im Kreis um ihn herum sitzt (Mk 3,34). Das spiegelt sich in der brüsken Antwort Jesu wider, die einem Bruch mit seiner leiblichen Familie gleichkommt. Bruder, Schwester und Mutter Jesu sind diejenigen, die den Willen Gottes tun (Mk 3,35). Der markinische Jesus definiert also eine neue Form von Familie, eine Art Gottesfamilie bestehend aus denjenigen, die den Willen Gottes tun. Sie sitzen mit Jesus im Haus. Mutter, Bruder und Schwester Jesu zu sein, ist also keine Frage der Biologie, sondern des eigenen Handelns im Sinne Gottes.

Kontraste in Mk 3,31–35	
vor dem Haus	im Haus im Kreis um Jesus
die leibliche Familie: Mutter, Brüder, Schwestern	die Gottesfamilie: Mutter, Brüder, Schwestern
bleiben draussen	sind drinnen

Maria ist für Markus also nicht *die* Mutter Jesu, weil sie ihn geboren hat. Sie wäre allenfalls *eine* Mutter Jesu, weil sie den Willen Gottes tut. Aber in diesem Sinne ist von Maria im Markusevangelium nie die Rede. Und in der Tat wird Maria ab Mk 3,31 nie mehr im Markusevangelium Mutter genannt. Die markinische Maria verschwindet nach einer kurzen Erwähnung in Mk 6,3 aus der Welt der Erzählung, sie steht auch nicht unter dem Kreuz oder ist anderweitig bei der Passion Jesu anwesend. An ihr hat das Markusevangelium kein Interesse.

Textkritik des Neuen Testaments

Das Neue Testament ist nicht als eine fertige Textsammlung vom Himmel gefallen. Vielmehr handelt es sich um zunächst einzeln erstellte Erzählungen und Briefe, die aufgrund ihrer Beliebtheit immer wieder abgeschrieben worden sind. Dabei ist es zu Fehlern und auch bewussten Textveränderungen gekommen. Das hat zu einer Vielzahl von Handschriften mit neutestamentlichen Texten und vor allem Textvarianten geführt. Gegenwärtig sind über 4000 solcher Handschriften (teils sind es nur kleine Fragmente) mit einer Unzahl von textlichen Varianten bekannt. Hinzu kommen frühe Zitate von biblischen Texten bei Kirchenvätern. Das hat zur Folge, dass man all diese Texte und Zitate, die aus unterschiedlichen Jahrhunderten stammen, sammeln und miteinander vergleichen muss. Und erst wenn Gemeinsamkeiten und Unterschiede erkannt sind, das Alter der Textzeugnisse einigermassen bestimmt ist, kann man darangehen, aus den vielen Textzeugen zu rekonstruieren, welche Textvariante am ehesten am Anfang der Überlieferung stand, aus der heraus sich die Vielfalt an textlichen Varianten also entwickelt hat. Das ist die Aufgabe der Textkritik, der sich hochspezialisierte Institute widmen. Für das Neue Testament ist etwa das Institut für Neutestamentliche Textforschung in Münster/Deutschland massgeblich. *Den* Text des Neuen Testaments gibt es also gar nicht. Es gibt nicht das Original des Neuen Testaments, das irgendwo in einem Museum oder Safe gelagert wäre. Es gibt nur gut begründete und von Wissenschaftlerinnen und Wissenschaftlern gemachte Rekonstruktionen eines möglichen Ausgangstextes, der am Anfang der textlichen Überlieferung stand und sich aus den vielen Textschnipseln und Varianten rekonstruieren lässt – und der im Licht neuer Textfunde oder besserer Kriterien für die Rekonstruktion des Ausgangstextes verändert werden kann und verändert wird. Die «Heilige Schrift» ist also nicht ein starrer Text.

Wenn Maria als Mutter Jesu im Markusevangelium gleichsam ausfällt, so ist Jesus doch keine Waise. Es gibt eine neue Mutter für Jesus. Sie sitzt mit den Brüdern und Schwestern Jesu im Kreis um ihn. Die Gruppe um Jesus wird von Jesus also mittels Familienmetaphorik beschrieben, wie wir es aus Mk 10,28–31 bereits kennen. Es sind Menschen, die den Willen Gottes tun und die Teil der Jesusbewegung geworden sind. Auffällig ist dabei, dass Jesus im Gegenüber zu Mk 10,30 (Mütter im Plural) und im Gegenüber zu den Brüdern Jesu (in Mk 3,34; 10,30 stets im Plural) in Mk 3,34 von *der* Mutter im Singular spricht und sie als «meine Mutter» bezeichnet. Das erweckt den Eindruck, dass es in diesem Haus tatsächlich eine einzelne Gemeindemutter gibt, der Jesus zuspricht, gleichsam auch seine Mutter zu sein.

Wer ist diese Frau, die eine Art Vorbild für alle Gemeindemütter sein könnte, die Mk 10,28–31 im Blick hat? Wir kennen sie nicht mit Namen, können aber doch etwas über sie sagen. Denn wenn das Haus von Mk 3,31–35 das Gemeindehaus in Kafarnaum ist, dann kann es sich bei dieser Frau nur um die Schwiegermutter des Petrus handeln. Denn das Haus der Familie des Petrus, von dem in Mk 1,29–31 erstmals die Rede ist, ist das Haus der Jesusbewegung in Kafarnaum und wird ab Mk 1,32 immer wieder als «Stützpunkt» Jesu genannt. Und die Schwiegermutter des Petrus ist die einzige

Frau, von deren Mutterschaft im Haus bereits die Rede war. Über sie hat zuvor schon Mk 1,31 erzählt, dass sie nach der erfolgten Heilung ihrer Fieberkrankheit begonnen hat zu *dienen*. Sie ist also nach den dienenden Engeln (Mk 1,13) die erste Figur im Markusevangelium, für die der bei Markus so zentrale Begriff des Dienens positiv verwendet wird. Und damit ist sie eine prototypische Jesusnachfolgerin schlechthin. Damit wird sie zur Mutter Jesu, und Petrus und Andreas und die anderen werden zu Brüdern und Schwestern Jesu (wie etwa die Frau des Petrus, von der Paulus in 1 Kor 9,5 höchst passend als «Schwester» spricht). Wohlgemerkt: nicht biologisch, sondern gleichsam im Geiste, im Rahmen der Jesusbewegung.

Wer sich als Gemeindemutter des Markusevangeliums oder der markinischen Gemeinde (Mk 10,30) an dieser Mutter Jesu, an der Gemeindemutter von Mk 3,31–35 orientiert, der kann nicht eine Art weiblicher *pater familias* sein und machtvoll herrschen. Die Orientierung am Ideal des gegenseitigen Dienens zeichnet auch die Gemeindemütter aus – die Schwiegermutter des Petrus, die zugleich Mutter Jesu ist, macht es vor.

«… wer der Grösste ist!»
Missverständnisse der Schüler auf dem Weg nach Jerusalem (Mk 9,28–37)

Dienen und Nachfolge zusammenzudenken, gelingt der Schwiegermutter des Petrus, einer prototypischen Jesusschülerin, intuitiv. Vielen anderen Schülern Jesu misslingt es. Sie erliegen den Versuchungen der Macht, wollen selbst gross werden und Geltung haben. Davon erzählt Markus meisterlich im Rahmen des Weges Jesu von Galiläa nach Jerusalem.

* * *

«Wiederholung ist die Mutter der Pädagogik», weiss ein altes Sprichwort. Ob Markus es gekannt hat? Jedenfalls vertraut er der Kraft der Wiederholung, wenn es darum geht, dass die Schülerinnen und Schüler Jesu und mit ihnen die Leserinnen und Leser des Textes etwas Entscheidendes lernen sollen. Das gilt auch für die Bedingungen und Charakteristika der Jesusnachfolge und damit für das markinische Ideal des Dienens und des Verzichts auf Macht, Einfluss und etwa die Stellung eines Familienoberhaupts und Hausvorstandes (*pater familias*), die uns bereits begegnet ist. Die entscheidenden Lektionen werden dabei auf dem Weg von Galiläa nach Jerusalem gelernt, der sich von Mk 8,27 bis 10,45 erstreckt und von zwei Blindenheilungen gerahmt wird (Mk 8,22–26; 10,46–52). Ganze drei Mal wiederholt sich auf diesem Weg ein erzählerisches Muster:

1. Jesus sagt sein Leiden, Sterben und seine Auferweckung in Jerusalem im Rahmen eines sogenannten Passionssummariums voraus.
2. Die Schüler reagieren darauf mit Unverständnis und beschäftigen sich mit gänzlich anderen Fragen, die man angesichts der jesuanischen Bereitschaft zum Dienst für andere nur als krasses inhaltliches Missverständnis der Botschaft und des Lebensprogramms Jesu bezeichnen kann.
3. Jesus greift das jeweilige Missverständnis der Schüler auf, belehrt sie hinsichtlich ihres Verhaltens und schärft ihnen das Ideal von Nachfolge ein: Es bedeutet, einander zu dienen und auf Macht und Prestige zu verzichten.

	1. Schülerbelehrung	2. Schülerbelehrung	3. Schülerbelehrung
Passionssummarium	Der Menschensohn muss leiden und sterben und auferstehen. (Mk 8,31–32a)	Der Menschensohn wird verraten werden, wird getötet und auferweckt werden. (Mk 9,31)	Der Menschensohn wird zum Tode verurteilt, verspottet und misshandelt werden, wird sterben und auferweckt werden. (Mk 10,33–35)
Missverständnis der Schüler	Petrus: Der Menschensohn darf nicht leiden! (Mk 8,32b)	Die Schüler verstehen nichts und überlegen auf dem Weg, wer von ihnen der Grössere ist. (Mk 9,32–34)	Jakobus und Johannes: Gib uns Ehrenplätze in deinem Reich. (Mk 10,35–41)

	1. Schüler-belehrung	2. Schüler-belehrung	3. Schüler-belehrung
Jesuanische Belehrung	«Petrus, du Satan!» Aufforderung zur Selbstverleugnung, zum Kreuztragen und zum Einsatz des eigenen Lebens in der Nachfolge. (Mk 8,33–38)	Wer Erster sein will, soll Diener aller sein; das Beispiel des Kindes. (Mk 9,35–37)	Wer gross sein will, soll Diener aller sein; das Beispiel Jesu selbst. (Mk 10,42–45)

Diese fortgesetzten Missverständnisse der Schüler und die immer wieder nötigen Belehrungen Jesu könnte man mit einigem Recht als «Noch-immer-nicht-verstanden»-Erzählungen beschreiben. Dabei fällt besonders auf, dass letztlich jedes der drei Missverständnisse mit Versuchungen der Macht zu tun hat, sei es, dass der Menschensohn als machtvolle Figur der Endzeit doch in keinem Fall leiden und damit schwach sein dürfe, sei es mit Blick auf Fragen, die sich um die Hierarchie in der Jesusgruppe selbst drehen.

Hierarchie in der Jesusgruppe zu definieren, also herauszustellen, wer denn nun eigentlich der Grössere, wenn nicht gar der Grösste in der Jesusgruppe sei, ist dabei im Besonderen das Thema der zweiten Schülerbelehrung in Mk 9,30–37:

[30] Und von dort hinausgehend, umhergingen sie durch die Galilaia, und nicht wollte er, dass einer (es) erführe; [31] denn er lehrte seine Schüler und sagte ihnen:
> Der Sohn des Menschen wird übergeben in (die) Hände von Menschen, und sie werden töten ihn, und getötet, nach drei Tagen wird er aufstehen.

³² Die aber verstanden nicht das Wort, und sie fürchteten sich, ihn zu befragen.

³³ Und sie kamen nach Kafarnaum. Und im Haus angekommen, befragte er sie:
   Was überlegtet ihr auf dem Weg?
³⁴ Die aber schwiegen; denn untereinander hatten sie diskutiert auf dem Weg, wer (der) Grössere (sei).

³⁵ Und sich setzend rief er die Zwölf und sagt ihnen:
   Wenn einer will Erster sein, soll er sein aller Letzter und aller Diener.
³⁶ Und nehmend ein Kind, stellte er es in ihre Mitte, und umarmend es, sprach er zu ihnen:
   ³⁷ Wer immer eines solcher Kinder aufnimmt in meinem Namen, mich nimmt er auf; und wer immer mich aufnimmt, nicht mich nimmt er auf, sondern den mich Schickenden.

Eine seltsame Erzählung, die sich um die Überlegungen der Schüler Jesu dreht, in der die Schüler allerdings nicht ein einziges Wort selbst sprechen. Denn was das Kriterium für die Schüler Jesu gewesen sein mag, um festzulegen, wer denn nun der Grössere in ihrer Runde sei, bleibt genauso peinlich von ihnen verschwiegen, wie die Schüler insgesamt eine Antwort auf Jesu Frage nach ihren Überlegungen schuldig bleiben. Es ist die Erzählstimme und nicht eine Erzählfigur, die den Inhalt der Überlegungen der Schüler Jesu auf dem Weg zusammenfasst. Die Schüler indes sind stumm wie ein Fisch, wie sie schon angesichts ihres Unverständnisses im Blick auf das Passionssummarium Jesu in V. 32 stumm geblieben sind und Jesus nicht befragt haben.

Diese Stille durchbricht Jesus selbst und wendet sich dabei speziell an den Zwölferkreis, also an jene Gruppe, die am ehesten in der Versuchung steht, Grösse aufgrund langandauernder Teilnahme an der Jesusbewegung für sich zu reklamieren. Die Struktur der jesuanischen Schülerbelehrung ist dreiteilig: V. 35 formuliert die Quintessenz seiner Schülerbelehrung vorauslaufend und fordert einen Positionswechsel. Wer gross und Erster sein will, der muss der Diener aller sein. Grösse in der Jesusbewegung gibt es eben nur in der Form des Dienstes aneinander, so dass im Idealfall alle gleich gross sind, weil alle einander dienen. Dieses Ideal von Jesusnachfolge kennen wir bereits gut. Die Schülergruppe ist angesichts ihrer Überlegungen indes einmal mehr der Versuchung der Macht erlegen und bleibt hinter dem Ideal zurück.

Um dieses Ideal gleichsam auch plastisch zu illustrieren, greift Jesus in einem zweiten Schritt zu einer hintergründig symbolischen Handlung. Er positioniert ein Kind in der Mitte der Schülergruppe. Das wirkt auf den ersten Blick idyllisch. Jesus nimmt sich liebevoll eines Kindes an. Nun haben Kinder in der antiken Gesellschaft allerdings nicht eine mit heute vergleichbare Stellung und Bedeutung. Sie gelten – etwas zugespitzt formuliert – als noch unfertige, weil noch nicht erwachsene Menschen, im besten Fall als potenzielle Arbeitskräfte und Altersvorsorge. Um sie dreht sich nicht die primäre Sorge der Eltern oder gar die der Gesellschaft. Kindeswohl ist kein gesellschaftliches Anliegen. Und auch das Verhalten Kindern gegenüber unterscheidet sich von unserem heutigen. Gemeinsames Spielen und Liebkosungen werden eher die Ausnahme als die Regel gewesen sein. Und das gilt besonders dann, wenn es sich nicht um die eigenen biologischen Kinder handelt, sondern um fremde Kinder. Um diese voneinander zu differenzieren, hat die griechische Sprache der Zeit des Neuen Testaments sogar zwei verschiedene Begriffe für Kinder: *teknon*, damit ist das leibliche Kind gemeint, den Begriff würden also Eltern im Blick auf ihre Kinder verwenden; und *paidion*, ein Begriff mit dem das soziale Kind, die Gruppe der Kinder, bezeichnet wird. Und von einem solchen *paidion* ist in Mk 9,36f. die Rede. Solche

Kinder werden von Fremden in aller Regel nicht liebkost. Sie stehen nicht im Zentrum der Aufmerksamkeit. Aber genau dort stellt Jesus das Kind hin und umarmt es, nimmt es also in seine Arme. Das muss man sich plastisch vorstellen. Denn liest man genau, dann muss Jesus, um das Kind umarmen zu können, sich vor dem Kind klein machen. Denn Jesus nimmt es eben nicht auf seinen Arm, wie das in der Kunstgeschichte vielfach dargestellt wird, sondern er umarmt es. Das aber ist nur möglich, wenn er sich vor dem kleinen Menschen selbst klein macht. Das ist eine waschechte Symbolhandlung. Denn mit seiner Aktion macht Jesus geradezu handgreiflich vor, was die Maxime von V. 35 bedeutet: Sich selbst vor den Kleinen klein machen, in die Knie gehen, Diener aller und nicht Grosskopf sein.

All das ist schon irritierend genug, und doch setzt der markinische Jesus in der dritten Phase der Schülerbelehrung noch einen pointierten Schlussakzent: Die Aufnahme und liebevolle Annahme eines solchen Kindes bringt nämlich noch einen überraschenden Mehrwert mit sich. Denn wer sich selbst vor solchen Kleinen klein macht, wer anderen dient, der dient letztlich Jesus und dem, der Jesus gesandt hat: Gott selbst. Man könnte sagen: Der Dienst am Nächsten, die freundliche Aufnahme und der liebevolle Umgang mit den Kleinen, den Kindern wie den anderen, die im übertragenen Sinne klein sind (etwa denen, die am Rand der Gesellschaft stehen), ist Gottesdienst: Diakonie ist immer auch Liturgie. Im Kleinsten begegnet einem – paradox genug – der Grösste schlechthin. Im Licht der uns vertrauten Gewinn- und Verlustrechnung von Mk 10,28–31 könnte man daher schlussfolgern, dass die Sorge um die Kinder im Rahmen der Gottesfamilien in Tat und Wahrheit immer auch Gottesdienst ist. Wo fremde Kinder gastlich aufgenommen werden, da ist letztlich Gott selbst zu Gast. Der Dienst aneinander, zu dem die markinische Konzeption von Jesusnachfolge motiviert, ist Gottesdienst. Das Streben nach Macht, nach Ansehen und Grösse in der Jesusbewegung ist indes alles andere als Gottesdienst.

Ein Letztes noch: Diese ausgefeilte Schülerbelehrung Jesu findet nicht irgendwo statt, sondern in Kafarnaum, genauer: «in dem Haus». Damit kann angesichts des bestimmten Artikels nur das Haus gemeint sein, das wir schon bestens kennen: das Haus der Familie des Petrus, das Haus, in dem die Schwiegermutter des Petrus, die Mutter Jesu im Rahmen der markinischen Gottesfamilie, dient und in dem eine markinische Gottes- und Gemeindefamilie lebt (das Kind, das Jesus in die Mitte stellt, ist insofern eines der Gemeindekinder, die im Rahmen der Gewinn- und Verlustrechnung von Mk 10,29f. genannt werden). In der erzählten Welt ist das ein geradezu idealer Ort für eine Belehrung über den Verzicht auf den ersten Platz und die Rolle des Grossen und Mächtigen. Im Beisein dieser Frau, die Jesusnachfolge intuitiv im Sinne des markinischen Jesus lebt, lernt der Zwölferkreis erneut, was er eigentlich schon wissen könnte: Jesusnachfolge bedeutet Verzicht auf Macht und die Bereitschaft, einander zu dienen. Ob die Schüler diese Lektion gelernt haben und fortan die Versuchungen der Macht bestehen? Man mag es hoffen und ahnt doch, dass dem nicht so ist. Die dritte Schülerbelehrung, die ganz am Ende des Weges Jesu nach Jerusalem steht, wirft bereits ihre Schatten voraus, aber zuvor tritt noch der Zebedaide Johannes mit einem speziellen Anliegen an Jesus heran. Mehr dazu im nächsten Beitrag.

ER SAGT, ER HABE BESTE BEZIEHUNGEN NACH GANZ OBEN UND KÖNNE SAKRAMENTE SPENDEN!
BALL DER REICHEN + MÄCHTIGEN

«Weil er uns nicht nachfolgt» (Mk 9,38): Kein Copyright auf das Handeln im Namen Jesu

Wer von den Jüngern Jesu ist denn nun der Grösste und damit Mächtigste in der Gruppe? Die belehrenden Worte Jesu angesichts dieser fragenden Überlegungen seiner Schüler (Mk 9,34f.) sind noch nicht verklungen, das Kind hat die Mitte der Schülergruppe noch kaum verlassen (Mk 9,36f.), da ergreift der Zebedaide Johannes das Wort. Und was sich nun entwickelt, gehört zu einer der seltsamsten Erzählungen des ganzen Neuen Testaments.

*** *

Eine besonders krasse «Versuchung-der-Macht»-Erzählung begegnet uns in Mk 9,38–40, also in jenem Text, der sich unmittelbar an die Auseinandersetzung über die von Jesu Schülern diskutierte Frage anschliesst, wer von ihnen denn nun der bedeutendste sei. Die kurze Perikope erzählt von einem Dialog zwischen dem Zebedaiden Johannes, der stellvertretend für die ganze Schülergruppe spricht, und Jesus:

> [38] Es sprach zu ihm Johannes:
> Lehrer, wir haben einen gesehen, der mit deinem Namen Dämonen hinauswarf. Und wir haben versucht, ihn daran zu hindern, weil er nicht uns nachfolgte!

³⁹ Jesus aber sagte:
> Hindert ihn nicht! Es gibt nämlich keinen, der eine Machttat in meinen Namen tun wird, und fähig ist, zugleich schlecht über mich zu reden. ⁴⁰ Denn wer nicht gegen uns ist, für uns ist er.

Schauen wir uns zunächst die Ausgangssituation an: Die Schülergruppe hat offensichtlich beobachtet, wie jemand ausserhalb ihrer Gruppe erfolgreich Dämonen austreibt und dazu die Macht des Namens Jesu nutzt. Das heisst, dass dieser Fremde sich als Exorzist betätigt hat und im Rahmen seines befreienden Handelns zugunsten Dritter auf die Kraft der Aussprache des Namens «Jesus» gesetzt hat.

Der Glaube an dämonische Besessenheit ist in der Antike weit verbreitet. Menschen erleben, dass es ihnen schlecht geht, oder nehmen für sie sonderbares Verhalten bei anderen wahr und interpretieren dies dann gegebenenfalls als Besessenheit, als Besetzung eines Menschen und seines Willens durch einen Dämon, der zum Schaden der Menschen agiert (eindrückliche Dämonen treten etwa in Mk 5,1–13; 9,17f. und an vielen anderen Stellen im Neuen Testament auf).

Dämonen

Die antike Vorstellungswelt rund um das Thema «Dämonen» ist zur Zeit des Neuen Testaments vielschichtig – und dies nicht zuletzt auch, weil der Dämonenglaube sowohl in griechischer wie in jüdischer Kultur der Antike weit verbreitet und tief im Volksglauben der Menschen verankert ist. Entsprechend vielfältig und widersprüchlich sind die uns zumeist in Texten überlieferten Zeugnisse der Antike, was jeweils ein Dämon eigentlich ist, wo er lebt, wie er agiert, wie er charakterisiert ist – es gibt auch Dämonen, die im Sinne guter Geister hilfreich Menschen zur Seite stehen –, über welche Materialität er verfügt und in wessen Diensten er als eine Art Zwischenwesen und Grenzgänger zwischen den Sphären des Menschlichen und des Übermenschlichen eigentlich steht. Für die meisten Menschen unserer Tage ist das eine ziemlich fremde Vorstellungswelt, weil wir – mit guten Gründen – das subjektive Erleben von dämonischer Besessenheit am ehesten mit psychischen Vorgängen in Verbindung bringen. Das macht die antike Dämonologie, zu der dann etwa auch die Figur des Satans als einer Art «Oberdämon» gehören kann, für uns latent unzugänglich. Für die ersten Christinnen und Christen indes gehören Dämonen, dämonische Besessenheit und Exorzisten zu ihrer Alltagskultur. Und so spiegelt sich die Welt der Dämonen auch in den Texten des Neuen Testaments, wie zum Beispiel in unserer Perikope.

Eine Möglichkeit, mit negativ charakterisierter dämonischer Besessenheit umzugehen, ist der Einsatz eines Spezialisten, eben eines Exorzisten, der so eng mit guten oder jedenfalls den Dämonen überlegenen Mächten in Verbindung steht, dass er Dämonen aus Menschen vertreiben kann. Sichtbar stehen sich dabei Exorzist und besessener Mensch gegenüber, im Hintergrund kämpfen aber übermenschliche Kräfte und Mächte gegeneinander:

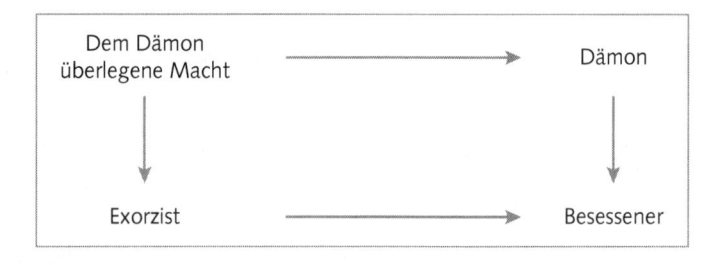

```
Dem Dämon
überlegene Macht  ──────────▶  Dämon
     │                           │
     ▼                           ▼
  Exorzist       ──────────▶  Besessener
```

Auch der fremde Exorzist nutzt eine über ihn hinausgehende Macht: den Namen Jesu, den er gegenüber dem Dämon ausspricht. Er steht also in Verbindung mit Jesus und leiht sich gleichsam die jesuanische Macht über Dämonen. Solche Namenszauber sind in antiker Kultur und auch im frühen Christentum bekannt (vgl. etwa Mk 5,7–9). So nutzt Petrus etwa die Macht des Namens Jesu zur Heilung von Kranken (Apg 3,6), wie generell die Schüler von Jesus Vollmacht über die Dämonen delegiert bekommen (vgl. Mk 6,7) und mit der jesuanischen Vollmacht über Dämonen, von der das Markusevangelium vielfach erzählt (vgl. etwa Mk 1,23–28), ihrerseits Dämonen austreiben (vgl. Mk 6,13).

Alles gut also, sollte man meinen. Denn die Geschichte erzählt, dass Menschen letztlich aufgrund der jesuanischen Macht über Dämonen befreit leben können. Die Schüler Jesu sollten sich freuen, haben sie doch eine Art Geistesverwandten und Kollegen getroffen. Das Reich Gottes, in dem für die Dämonen und ihr unheilvolles Wirken kein Platz ist, hat sich wieder ein Stück durchgesetzt.

Aber so geht die Geschichte nicht weiter. Vielmehr gehen die Schüler gegen den Fremden vor. Sie versuchen, die exorzistische Praxis dieses Fremden zu unterbinden – offenkundig erfolglos, wie die Wendung «wir haben versucht …» nahelegt. Ihre Erfolglosigkeit, die sich im unmittelbaren literarischen Zusammenhang ausgerechnet in einem erfolglosen Exorzismusversuch gezeigt hat (Mk 9,14–29), setzt sich also fort. Und das ist durchaus eine ironische Pointe des Markus und Teil seiner Schülerkritik: Die Schüler selbst versagen im Exorzismusgeschäft, ein anderer hingegen ist erfolgreich. Und dagegen erheben die erfolglosen Schüler dann ihren Einspruch.

Die von Johannes gelieferte Begründung für das Einschreiten der Schüler ist überaus erschreckend und macht diese Erzählung zu einer echten «Versuchung-der-Macht»-Geschichte: «Er folgt *uns* nicht nach», argumentiert Johannes stellvertretend für die Schülergruppe. Die Formulierung sollte zu denken geben. Denn bisher war das Verb «nachfolgen» im Markusevangelium immer mit Jesus als Objekt verbunden, dem man nachfolgt (vgl. etwa Mk 1,16–20; 10,52; 15,41). Aber Johannes formuliert eben nicht: «er folgt *dir* nicht nach». In der Sache wäre diese Begründung angesichts des erfolgreichen Handelns des Fremden im Namen Jesu auch sinnlos. Der Fremde steht in einer Beziehung zu Jesus, folgt ihm auf seine Weise nach, sonst wäre sein exorzistisches Tun nicht wirksam.

Man kann also nicht daran vorbei: Die Schüler Jesu erheben eine Art Copyright, ein Urheberrecht auf das Handeln im Namen Jesu und binden solches Handeln zugunsten anderer an Gruppenmitgliedschaft zurück. Mehr noch: Sie setzen die Gruppe, letztlich also sich selbst an die Stelle Jesu. Sie wollen machtvoll darüber entscheiden, wer im Namen Jesu agieren und Dämonen austreiben darf. Zugespitzt formuliert und auf unsere Gegenwart übertragen: Kirchenmitgliedschaft entscheidet, ob jemand im Namen Jesu auftreten darf. Die Kirche entscheidet, wer was im Namen Jesu tun darf!

Nein!, sagt der markinische Jesus und begründet: Nicht die Gruppenmitgliedschaft entscheidet, sondern das erfolgreiche Wirken zählt. Wer im Namen Jesu erfolgreich Machttaten tun kann, der ist zwar nicht zwingend ein Gruppenmitglied, aber er ist eben auch kein Gegner Jesu oder der Gruppe. Und das allein zählt. Man muss nicht Teil der Jesusgruppe sein, um im Namen Jesu handeln zu dürfen. Und wer im Namen Jesu handelt, der zeigt sich, so Jesus, geradezu automatisch solidarisch mit der Gruppe und ihren Anliegen – vorausgesetzt, die Gruppe ist ihrerseits noch in den Spuren Jesu unterwegs und hat das Lebensprogramm Jesu noch vor Augen.

Wieder müssen die Schüler Jesu kräftig schlucken und umdenken. Sie müssen erneut dazulernen: Nicht die Gruppengrenze, die Zugehörigkeit zur Gruppe, ist entscheidend, und nicht sie haben die Macht zu deklarieren, wer was im Namen Jesu tun darf. Der markinische Jesus kennt vielfältige Formen von Jesusnachfolge, die legitim nebeneinander existieren können. Es gibt also mehr als eine Organisationsform, um in den Spuren Jesu unterwegs zu sein. Ob die Schüler diese Lektion in Sachen Organisationsmacht und Copyrightdenken gelernt haben? Und ob sie speziell der Zebedaide Johannes begriffen hat, der sich zum Sprachrohr der Jesusgruppe gemacht hat? Wer das Markusevangelium kennt und noch im Ohr hat, woran Jesus auf dem Weg nach Jerusalem seine Schüler dreimal erinnert hat, ahnt, dass dem nicht so ist ...

Macht durch Solidarität?
Noch immer nichts verstanden!
(Mk 10,32–45)

Nach den in der Sache klaren und unmissverständlichen Belehrungen Jesu, nach dem Streit über den fremden Exorzisten und den Kinderszenen sollte man meinen, dass die Schüler Jesu es nun endlich verstanden haben. Doch weit gefehlt. Markus lässt in seiner erzählten Welt die männlichen Schüler Jesu noch nicht vom Haken.

* *
*

Das uns bereits vertraute Muster von Leidensankündigung, Schülerunverständnis und jesuanischer Belehrung wiederholt sich in Mk 10,32–45 ein drittes und letztes Mal, bevor der Wegabschnitt des Markusevangeliums mit der Heilung des blinden Bettlers Bartimäus (Mk 10,46–52), der schnurstracks zum Nachfolger Jesu wird (Mk 10,52), an sein Ende kommt. Nun sind es zwei der Schüler Jesu, die noch immer nichts verstanden zu haben scheinen und einer sehr speziellen Logik der Macht verhaftet sind: Jakobus und Johannes, die Söhne des Zebedäus. Sie sind Schüler der ersten Stunde, wurden unmittelbar nach Petrus und Andreas berufen (Mk 1,19f.).

Die Nummern 3 und 4 im Zwölferkreis stammen aus einem ökonomisch eher zur Mittelschicht gehörenden Elternhaus. Ihr Vater betreibt Fischerei von einem Boot aus, im Gegensatz zu Petrus und Andreas, die offensichtlich über kein Boot verfügen, sondern vom Ufer aus Wurfnetze in den See Genesaret werfen (Mk 1,16–18) und deren Aktionsradius und

Fangmöglichkeiten damit natürlich viel kleiner sind. Der Vater von Jakobus und Johannes hat Lohnarbeiter angestellt (vgl. Mk 1,20), die ihn und seine Söhne im Boot begleiten. Das lässt Rückschlüsse auf die Grösse des Bootes und damit auch auf die ökonomische Potenz der Familie zu. Jakobus und Johannes kennen Arbeit und Einsatzbereitschaft, aber sie kennen auch den Lohn der Arbeit und die Möglichkeiten, durch Arbeit sozialen Aufstieg zu erleben.

Diese Logik übertragen sie auf ihr Engagement in der Jesusbewegung. Das kennen wir bereits: Schon Petrus hatte in Mk 10,28 darauf hingewiesen, dass die Schüler um Jesus alles verlassen hätten und daher mit einigem Recht mit Belohnung rechnen dürften. Dem hatte Jesus nicht grundsätzlich widersprochen, aber doch die Koordinaten des Belohnungsdenkens gründlich zurechtgerückt. Die Zebedaiden indes lassen sich von der jesuanischen Maxime des Dienens, vom geforderten Verzicht auf den ersten Platz und von der faktischen Nicht-Existenz einer Leiterrolle nicht stören. Sie treten in Mk 10,35–40 mit einer höchst speziellen Bitte an Jesus heran:

[35] Und hinzukommen zu ihm Jakobos und Johannes, die Söhne (des) Zebedaios, sagend ihm:
Lehrer, wir wollen, dass, was immer wir dich bitten, du uns tust.

[36] Der aber sprach zu ihnen:
Was wollt ihr, dass [ich] euch tun soll?

[37] Die aber sprachen zu ihm:
Gib uns, dass, einer zu deiner Rechten und einer zur Linken, wir sitzen in deiner Herrlichkeit!

[38] Jesus aber sprach zu ihnen:
Nicht wisst ihr, was ihr erbittet. Könnt ihr trinken den Kelch, den ich trinke, oder die Taufe, die ich getauft werde, getauft werden?

⁣³⁹ Die aber sprachen zu ihm:
   Wir können.

Jesus aber sprach zu ihnen:
   Den Kelch, den ich trinke, werdet ihr trinken, und die Taufe,
   die ich getauft werde, werdet ihr getauft werden, ⁴⁰ das Sitzen
   aber zu meiner Rechten oder zur Linken zu geben, ist nicht
   meine (Sache), sondern (ist für die,) denen es bereitet ist.

Jesus reagiert irritiert und wirft ihnen vor, dass sie nicht begreifen, um was sie da bitten. Seine Frage, ob sie denn bereit seien, Leiden und Tod auf sich zu nehmen – Jesus verwendet dabei die Metaphorik der Taufe (auf den Tod) und des Leidenskelches (vgl. Mk 14,36) –, bejahen sie. Und zwar ganz entschieden. «Yes, we can!», formulieren sie: «Wir können!» (Mk 10,39). Die Zebedaiden hoffen auf die besten Ehrenplätze im Reich Gottes direkt neben Jesus. Sie wollen neben ihm thronen. Kreuzesnachfolge, Leiden, ja auch Dienen in der Welt – zu all dem sind sie durchaus bereit. Aber mit einer ausgesprochenen Um-zu-Logik. Um sich nicht nur den Zugang zum Reich Gottes zu verdienen, sondern sogar die besten Ehrenplätze in der glanzvollen Herrlichkeit Jesu, sind sie bereit zur dienenden Jesusnachfolge. Machtgewinn durch Solidarität mit Jesus und durch Leidensbereitschaft, könnte man sagen.

Das ruft die zehn übrigen Schüler Jesu auf den Plan (V. 41), die nun ihrerseits nicht etwa sagen, dass die Zebedaiden theologisch etwas nicht verstanden und den Weg des Dienens als Form der Jesusnachfolge noch nicht verinnerlicht hätten. Nein, sie werden schlechterdings ungehalten angesichts dieses Ansinnens. Mit welchem Recht bitten die beiden um diese Plätze? Stehen sie nicht vielmehr Petrus und Andreas zu? Oder anderen aus der Gruppe? Oder allen?

DU DIENST MIR DOCH NUR, UM HIER MAL NE GROẞE NUMMER ZU WERDEN!
BOH, NERV NICHT!
T. PLAßMANN

Und wieder muss der markinische Jesus eingreifen und die Versuchung der Macht korrigieren, der die Zebedaiden im Besonderen, aber doch auch die übrigen zehn erliegen. In den V. 42–44 entwirft er einen Gegensatz zwischen den Logiken, die in der antiken Welt und Gesellschaft gelten, und den Verhaltensweisen, wie sie in der Jesusbewegung gelten sollen.

Die Machtstrukturen der antiken römischen Gesellschaft	Die «Machtstrukturen» in der Jesusbewegung
V. 42	V. 43 f.
Ihr wisst, dass die die Völker zu beherrschen Scheinenden auf sie herabherrschen und die Grossen unter ihnen ihre Vollmachten auf sie herab ausüben.	Nicht so aber ist es unter euch, sondern wer immer unter euch gross werden will, soll euer Diener sein, und wer immer unter euch Erster sein will, soll Sklave von allen sein.

Klassisches Karrieredenken, nach Macht zu streben, um Macht zu haben und sie dann auch nach unten hin, auf andere herab, auszuüben, soll gerade nicht typisch für die Jesusbewegung sein. Sie muss sich von den typischen Machtstrukturen antiker Gesellschaften unterscheiden. Eine Karriere in der Jesusbewegung kann und darf immer nur eine Karriere des Dienens sein – und zwar ohne jeden Hintergedanken. Man dient einander um des Dienens willen und strebt nicht nach Macht, Einfluss und Ansehen. Diese Haltungen lehnt der markinische Jesus entschieden ab.

Gross und einflussreich wird man in der Jesusbewegung also nicht, weder aus der Perspektive der Antike noch aus der moderner Gesellschaften. Aber das darf eben auch nicht das Ziel sein. Denn auch Jesus selbst, so hält es V. 45 unmissverständlich fest, kam nicht, um sich bedienen zu lassen, um also selbst ein Grosser zu werden, sondern um den Menschen zu dienen, anderen und nicht sich selbst Bedeutung zu geben und sie aus den Strukturen von Unfreiheit und den Versuchungen der Macht zu befreien, sie sozusagen aus struktureller Sünde zu erlösen, bis hin zum Einsatz des eigenen Lebens. So formuliert Mk 10,45:

> Denn auch der Menschensohn kam nicht, um bedient zu werden, sondern zu dienen und zu geben sein Leben als Lösegeld für viele.

Auch in diesem Sinn gilt die uns vertraute Gleichung von nachfolgen = nachahmen: Nachfolge Jesu muss Nachahmung des dienenden Jesus sein. Ob die augenscheinlich begriffsstutzigen Schüler Jesus jetzt verstanden haben? Der Lernweg von Galiläa nach Jerusalem endet jedenfalls mit diesem programmatischen Vers 45, und auch unser Weg mit dem Markusevangelium endet fürs Erste. Und doch ahnt man, dass die Schüler Jesu vielleicht noch etwas mehr Nachhilfe in Sachen Nachfolge brauchen – wie wir auch. Markus deutet das auf seine Weise auch in Mk 10,32–45 an, wenn er die Plätze rechts und links von Jesus, auf die die beiden Zebedaiden so gierig waren, textintern vergibt. Dies allerdings mit einem für Markus geradezu ironischen Augenzwinkern. Nur ein einziges Mal ist im Markusevangelium nämlich nochmals von Plätzen rechts und links neben Jesus die Rede: am Kreuz (Mk 15,27). Es sind die beiden Mitgekreuzigten, die entschieden unfreiwillig rechts und links von Jesus auf dem Thron des Kreuzes sitzen. Von den Zebedaiden ist da schon lange keine Spur mehr zu finden. Sie sind wie alle anderen Schüler Jesu auch in Mk 14,50 geflohen. Ihr vollmundiges Versprechen der Leidensbereitschaft und Kreuzesnachfolge hat nur ganze vier Kapitel gehalten.

«Was immer du bindest ...»
(Mt 16,19)
Widerstand gegen die Macht
eines Einzelnen im
Matthäusevangelium

*Petrus, der Mann mit der
Schlüsselgewalt – oder: Die Geister,
die ich rief ... (Mt 16,16–18)*

Literarische Auseinandersetzungen mit den Versuchungen der Macht kennt nicht nur das uns inzwischen gut vertraute Markusevangelium. Auch Matthäus kann davon sein ganz eigenes Lied singen. Der matthäische Text leistet dabei vor allem Widerstand gegen die Macht eines Einzelnen. Davon handeln die folgenden Miniaturen.

* * *

Auch das Matthäusevangelium, etwa zehn bis zwanzig Jahre nach dem Markusevangelium entstanden und vielleicht in der syrischen Grossstadt Antiochia geschrieben, ist mit Versuchungen der Macht vertraut und leistet auf seine Weise Widerstand. Auch für Matthäus ist der Dienst aneinander ein wichtiges Charakteristikum von Jesusnachfolge (vgl. etwa Mt 20,25–28). Allerdings erzählt Matthäus davon seiner Gemeinde im Vergleich zum Markusevangelium nicht primär auf Kosten der Schüler Jesu, die bei ihm insgesamt freundlicher gezeichnet sind. Das gilt etwa für die Zebedaiden. Bei Matthäus sind nicht sie es, die um die Ehrenplätze rechts und links neben Jesus bitten, sondern es ist ihre Mutter, die für ihre Jungs die zukünftige Karriere einfädeln will (Mt 20,20–23). Und die Szene mit dem fremden Exorzisten aus Mk 9,38–40, die für den Zebedaiden Johannes hochnotpeinlich ist, lässt Matthäus gleich komplett aus. Wohlgemerkt, das erfolgt nicht aus Unkenntnis des markinischen Textes. Vielmehr kennt Matthäus das Markusevangelium bestens und arbeitet es minutiös zu einer neuen Jesusgeschichte um. In diesem Redaktionsprozess entscheidet sich Matthäus dafür, die Schüler Jesu in einem weicheren Licht zu zeichnen.

Redaktionell entschärfen oder streichen ist aber nur die eine Seite der Medaille. Matthäus kann insbesondere mit Blick auf Petrus auch weit über das Markusevangelium hinausgehen und erzählerisch das Modell einer hierarchisch scheinbar an der Spitze von Gemeinde und Kirche insgesamt stehenden Leitungsfigur etablieren. Denn im Matthäusevangelium erhält der bei Markus so oft im Zwielicht des Missverstehens gezeichnete Petrus mindestens auf den ersten Blick sehr bewusst und sehr pointiert eine ausgesprochen machtvolle Position. Davon erzählt Mt 16,13–20:

[13] Kommend aber Jesus in die (Landes)teile von Cäsarea Philippi fragte er seine Schüler, sagend:
Wer, sagen die Menschen, dass der Sohn des Menschen sei?

[14] Die aber sprachen:
Die einen: Johannes der Täufer,
andere aber: Elija,
andere aber: Jeremia oder einer der Propheten.

[15] Er sagt ihnen:
Ihr aber, wer, sagt ihr, dass ich sei?

[16] Antwortend aber sprach Simon Petros:
Du bist der Christos, der Sohn des lebendigen Gottes.

[17] Antwortend aber sprach Jesus zu ihm:
Selig bist du, Simon Barjona, weil nicht Fleisch und Blut dir offenbarten, sondern mein Vater in den Himmeln. [18] Und ich sage dir:
> Du bist Petros, und auf diesem Felsen werde ich bauen meine Kirche, und (die) Tore (des) Hades werden sie nicht überwinden. [19] Geben werde ich dir die Schlüssel des

> Königtums der Himmel, und was immer du bindest auf der Erde, wird gebunden sein in den Himmeln, und was immer du löst auf der Erde, wird gelöst sein in den Himmeln.
> [20] Dann trug er den Schülern auf, dass sie keinem sagten: Er ist der Christos.

Die Szene, die in Cäsarea Philippi ganz im Norden Israels spielt, versammelt christologische Mutmassungen über die Identität Jesu. Wer ist dieser Wundertäter und Lehrer? Jesus will wissen, was die Leute über ihn denken, und befragt seine Schülergruppe. Die Schüler Jesu referieren durchweg positive Meinungen über die Identität Jesu, die sie in der erzählten Welt während ihres Unterwegsseins mit ihm bei Menschen aufgeschnappt haben. Er sei der verstorbene Johannes der Täufer oder/und der entrückte und jetzt eben wiedergekommene Elija, dessen Wiederkunft jüdische Kreise unmittelbar vor dem Anbruch des Reiches Gottes erwarten (vgl. Mal 3,23 f.); auch als Prophet können sich Leute Jesus vorstellen, der sich in die Reihe alttestamentlicher Propheten einordnen lässt.

Die Schüler Jesu indes haben einen Tiefenblick. Sie erkennen in Jesus den Sohn Gottes und den Christos, d. h. den Messias Gottes, den idealen Sachwalter und Agenten Gottes, der für die Durchsetzung des Reiches Gottes als machtvolle Herrscherfigur eintritt und zugunsten Israels handelt. Und es ist Petrus, der bei Matthäus dieses Messiasbekenntnis ausspricht. Das tut er freilich bereits im Markusevangelium. Nur ist dort die Reaktion des markinischen Jesus eine gänzlich andere: Er bedroht seine Schüler, dieses Wissen ja nicht mit anderen zu teilen (vgl. Mk 8,27–30). Typisch markinisch, könnte man sagen: Von Jesu Hoheit und wahrer Identität darf man erst nach dem Tod am Kreuz und der Auferweckung erzählen (vgl. Mk 9,9). Erst im Licht des Scheiterns am Kreuz versteht man für Markus alle Hoheitstitel für Jesus richtig.

Solche christologische Zurückhaltung kennt zwar auch Matthäus und lässt sie seinen Jesus in Mt 16,20 formulieren. Aber davor setzt der Erzähler noch eine Sternstunde für Petrus. Dieser wird von Jesus seliggepriesen und als Offenbarungsempfänger angesprochen, der Zugang zu himmlischem Wissen hat. Mehr noch, Petrus erhält singulär, so jedenfalls die V. 18 f., eine überragend machtvolle Position. Er wird von Jesus die Schlüssel zum Himmelreich erhalten, so das jesuanische Versprechen, das in die Zukunft blickt. Ebenso in die Zukunft blickend ist die inhaltliche Charakterisierung, was mit dem metaphorischen Bild des Schlüssels gemeint ist: binden und lösen.

Binden und lösen ist ein geprägtes Begriffspaar insbesondere in jüdischer Literatur der Antike. Es meint: verbindliche religionsgesetzliche Regelungen formulieren, in theologisch-religiösen Streitfällen ein Urteil fällen, das Gültigkeit hat; meint: verbieten und erlauben, Gesetze für verbindlich zu erklären oder ausser Kraft zu setzen (in diesem Sinne wird in Mt 5,19 vom Lösen des Gesetzes gesprochen). Gesetzeslehrer und Richter können binden und lösen. Schon das verleiht der Figur des Petrus hohe Autorität. Aber Matthäus geht noch weiter: Denn die Gültigkeit petrinischen Bindens und Lösens spricht der matthäische Jesus den Entscheidungen des Petrus nicht nur für die Belange der irdischen Jesusbewegung zu. Seine Entscheidungsmacht hat auch Auswirkungen auf den Himmel und das Reich Gottes. Denn was Petrus im Rahmen der Jesusbewegung bindet oder löst, wird auch im Himmel gebunden oder gelöst sein, so jedenfalls V. 19. Die Entscheidungskompetenz des Petrus ragt in den Himmel und in das Reich Gottes hinein, dessen Sigrist Petrus als Schlüsselträger zu sein scheint.

Natürlich: Diese Ansage Jesu ist im Modus des Versprechens für die Zukunft und im Konjunktiv formuliert, aber schon die Perspektive gibt der Petrusfigur fraglos überragend viel Macht. Wer aus dem Blickwinkel des Markusevangeliums Matthäus liest, kann sich nur verwundert die Augen reiben. In der matthäischen Konzeption der Jesusbewegung und dann wohl auch in seiner konkreten Gemeinde scheint es einen Gemeindeleiter mit ausgesprochener Machtfülle zu geben, dem zentrale Entscheidungen zukommen. Einer aus der Gemeinde, aus der Jesusgruppe «macht den Petrus», füllt die Rolle des Petrus aus. Denn wenn die Zusage Jesu Gültigkeit haben soll, dass seine Nachfolgegemeinschaft, seine Kirche, gerade auf dem petrinischen Fundament dauerhaften Bestand haben werde (V. 18), dann geht die Petrusfunktion auch über das Leben der Erzählfigur des Petrus hinaus, dann wird hinter der Petrusfigur faktisches Leitungspersonal sichtbar, das in der matthäischen Gemeinde verbindliche Entscheidungen treffen kann und in der Nachfolge des Petrus steht.

Zu dieser neuen Leitungsposition passt im Übrigen bestens, dass Matthäus auch das markinische Konzept des «Kein Herr im Haus der Gemeinde» wegredigiert hat, indem er die präzise Gegenüberstellung von Verlust und Gewinn aus Mk 10,29f. auflöst und zwar vom Verlassen von Häusern, Brüdern, Schwestern, Mutter, Vater, Kindern und Äckern spricht, aber auf der Habenseite nur unspezifisch «Hundertfaches» und «ewiges Leben» verbucht (Mt 19,29). Das lässt Raum für einen *pater familias* im Haus der Gemeinde, der in der Tradition des matthäischen Petrus steht, bindet und löst und mit Macht auch die Schlüssel der Gemeinde in Händen hält.

Ganz so glatt freilich läuft es bei Matthäus dann doch auch nicht oder soll es jedenfalls nicht laufen. Denn auch Matthäus hat erkennbar Mühe mit dieser Machtfülle eines Einzelnen. Das wird deutlich, wenn man das gesamte Matthäusevangelium liest und nicht nur Mt 16,13–20 herausgreift. Anders gesagt: Das Matthäusevangelium versucht ein aus seiner Sicht falsches und überspitztes Verständnis der Rolle

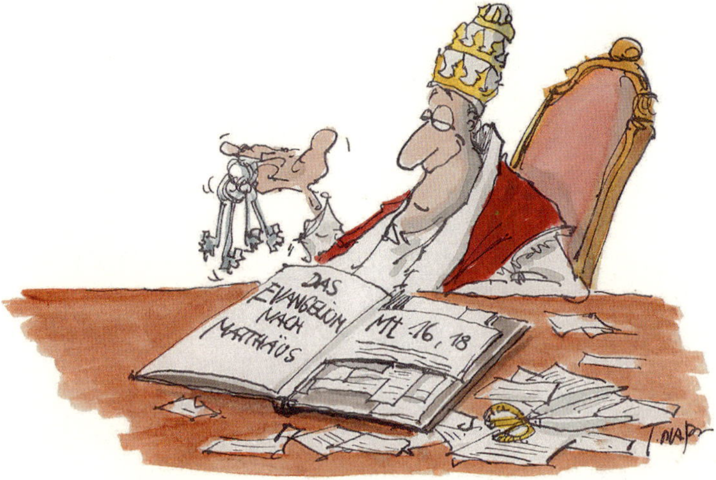
DAS EVANGELIUM NACH MATTHÄUS
Mt 16, 18

des Petrus wieder einzufangen. Mt 16,13–20 wird innerhalb der matthäischen Jesusgeschichte gleichsam gezähmt. Oder anders: Die Geister, die Matthäus mit der Formulierung von Mt 16,18 f. rief, versucht er wieder loszuwerden. Ob und wie ihm das gelingt, davon handeln die kommenden Miniaturen.

Die synoptische Frage

Wer die drei Evangelien des Markus, Matthäus und Lukas nacheinander liest, wird zwingend den Eindruck gewinnen: Da erzählen doch drei über weite Strecken nicht nur eine sehr ähnliche Geschichte über das Leben und Wirken eines Jesus aus Nazaret, sie erzählen sie sogar bis in den Wortlaut hinein gleich – bis hin zu Fehlern im Satzbau wie etwa einer Unstimmigkeit, die sich in der Geschichte von der Heilung eines Gelähmten in Kafarnaum bei allen drei Evangelisten findet (Mk 2,10; Mt 9,6; Lk 5,24: «Damit ihr aber wisst, dass Vollmacht hat der Menschensohn, Sünden auf der Erde zu erlassen, sagt er dem Gelähmten»: Es handelt sich um einen Anakoluth, also einen Satz, bei dem Anfang und Ende sich grammatisch nicht entsprechen; eigentlich hätte der Text mit «sage ich dem Gelähmten» schliessen müssen, um die wörtliche Rede Jesu an ihr Ende zu führen). Ein solcher Befund riecht geradezu nach dem, was wir heute Plagiat nennen: Die Evangelisten haben irgendwie voneinander oder von einer dritten Grösse abgeschrieben. Nur wer bei wem?

Zugleich weisen alle drei Texte auch grosse Unterschiede auf. Das beginnt bei scheinbaren Kleinigkeiten, die sich im Wortlaut etwa einer Jesusrede unterscheiden, umfasst aber auch ganze Einzelszenen und Texte, die sich nur bei einem der drei Evangelisten finden lassen. So erzählt der Jesus des Lukasevangeliums sehr viel mehr Gleichnisse und auch völlig andere als etwa der Jesus des Markus. Und darunter finden sich auch so berühmte Texte wie die Gleichnisse über den verlorenen Sohn, den armen Lazarus oder den barmherzigen Samariter, die Markus und auch Matthäus nicht bieten. Und – um ein weiteres Beispiel zu nennen – die Kindheitsgeschichten des Matthäus und Lukas (Markus kennt indes überhaupt keine Kindheitsgeschichte Jesu) unterscheiden sich nicht nur in Details, sondern auch in ganz elementaren Aspekten: Bei Matthäus finden sich z. B. Magier aus dem Osten, die von einem Stern geleitet Jesus ihre Aufwartung machen (Mt 2,1–12); diese finden sich bei Lukas nicht. Hingegen sind es dort Hirten, die, angespornt von einem Engel, das Jesuskind aufsuchen (Lk 2,1–20). Bei Matthäus wird man diese Hirten indes vergeblich suchen. Die unterschiedliche Datierung wirkt dagegen eher wie ein Detail: Bei Matthäus spielt die Kindheitsgeschichte in den Tagen Herodes des Grossen, der 4 v. Chr. stirbt, bei Lukas hingegen in den Tagen des Quirinius, des Statthalters von Syrien, der dieses Amt aber erst 6 n. Chr. antritt.

Grosse Gemeinsamkeiten bis hin in den Wortlaut und die Struktur der Texte bei gleichzeitig gewichtigen Unterschieden: Wie ist das zu erklären? Das ist die sogenannte synoptische Frage, benannt nach dem griechischen Wort *synopsis*, das «zusammenschauen» oder «vergleichen» bedeutet. Das ist das, was man de facto tut, wenn man die drei Evangelien nacheinander liest und damit nahezu automatisch vergleicht. Die synoptische Frage wird seit den Tagen der Aufklärung und damit seit mehreren Jahrhunderten gestellt und hat unterschiedliche Antwortversuche erfahren. Neben Theorien, die von einer gemeinsamen Quelle aller drei Evangelisten ausgehen, gibt es solche, die mit einer gegenseitigen Benutzung der drei Evangelientexte rechnen. Im deutschsprachigen Raum wird die synoptische Frage seit einer Untersuchung von Christian Hermann Weisse aus dem Jahr 1838 gerne mit der sogenannten Zwei-Quellen-Theorie beantwortet. Sie stellt eine Kombination aus beiden Theorieansätzen (gemeinsame Textvorlage und gegenseitige Benutzung) dar und besagt, dass Lukas und Matthäus unabhängig voneinander das Markusevangelium und eine nicht mehr erhaltene zweite Quelle, Q oder Spruch-/Logienquelle genannt, für die Abfassung ihrer Texte verwendet haben. Diese Quelle wird aus jenen Texten rekonstruiert, die Matthäus und Lukas nahezu wörtlich gemeinsam haben und die sich gerade nicht bei Markus finden; das sind zumeist Reden Jesu.

Zudem haben nach dieser Theorie Matthäus und Lukas Material verwendet oder selbst geschrieben, das sich nur bei ihnen findet und den anderen Evangelisten schlechterdings unbekannt war. Man nennt es Sondergut. Schematisch lässt sich die Theorie so darstellen:

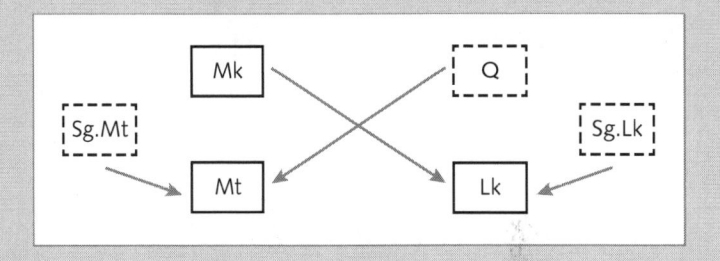

```
           Mk                    Q
  Sg.Mt                                Sg.Lk
           Mt                    Lk
```

Viele Gemeinsamkeiten und Unterschiede zwischen allen drei Evangelien lassen sich mit dieser Theorie recht gut erklären. Freilich hat sie manche Tücken und Schwächen und ist als Theorie nicht über jeden Zweifel erhaben. Das muss uns im Detail hier nicht interessieren.
Am stärksten ist die Theorie gewiss im Blick auf die Markuspriorität, d.h. die Annahme, dass Markus eine Quelle für Matthäus und Lukas war und diese beiden jeweils unabhängig voneinander eine Update-Version des Markusevangeliums geschrieben haben, das selbst sehr viel kürzer als die beiden übrigen Evangelien ausfällt. Wenn diese Annahme der Markuspriorität stimmig ist, wovon der Autor dieses Buches zutiefst überzeugt ist, dann bietet sich hier eine geradezu unvergleichliche Chance für die bibelwissenschaftliche Arbeit mit dem Matthäus- und dem Lukasevangelium. Denn die Markuspriorität erlaubt sozusagen Einblicke auf die Schreibtische dieser beiden Evangelisten. Vorausgesetzt, unser Markustext (oder eine mit ihm recht eng verwandte Textfassung) ist die Vorlage für Matthäus und Lukas, können wir durch den präzisen Textvergleich (in der Fachsprache synoptischer Vergleich genannt) sehr genau nachvollziehen, wie Matthäus und Lukas mit ihrer Quelle umgegangen sind, wie sie also markinische Texte bearbeitet haben. Solche Redaktionsprozesse erlauben Rückschlüsse auf die

theologischen Absichten von Matthäus und Lukas und ermöglichen da und dort auch einen Schlüssellochblick in ihre jeweiligen Gemeindesituationen hinein, für die sie ihre Jesuserzählungen geschrieben haben. Denn die Evangelien wurden nicht zuerst mit Blick auf eine Jahrhunderte spätere Kirche (gewissermassen «für uns») verfasst, sondern sind zeit- und ortsbezogene Schriften, deren Autoren ein konkretes Publikum vor Augen stand.

*Im Spiegel der anderen – oder:
Wie man binden und lösen soll
(Mt 23,1–13)*

Folgt man innerhalb des Matthäusevangeliums den Spuren, die Mt 16,13–20 gelegt hat, und sucht nach anderen Texten, die vom Binden und Lösen, von Schlüsseln und vom Auf- und Zuschliessen des Himmels und des Reiches Gottes in bildhafter Weise sprechen, dann landet man in zwei Reden des matthäischen Jesus: bei der Gemeinderede von Mt 18 und in der Weherede von Mt 23. Beide enthalten Abschnitte, die man als inhaltliche Leitplanken begreifen kann, mit denen eingeschärft wird, wie «binden und lösen», eine Kurzformel für die Ausübung von Leitungsmacht und das Fällen von religionsgesetzlichen Entscheidungen innerhalb der matthäischen Gemeinde, gehandhabt werden und wie man den Versuchungen der Macht gerade nicht erliegen soll. Beginnen wir mit der Weherede von Mt 23, die in recht deutlichem Klartext formuliert, wie man binden und lösen soll.

*
* *

Matthäus ist ein waschechter Schriftgelehrter. So lässt sich sein Umgang mit den Schriften der jüdischen Tradition verstehen, die wir Altes Testament nennen. Matthäus kann sie meisterhaft zitieren oder anspielen, um seine Jesusgeschichte im Licht der ehrwürdigen alten Tradition des Judentums, aus dem die Jesusbewegung stammt, zu erzählen. Aus dem Schatz seiner jüdischen Tradition holt er Altes heraus, um es mit Neuem zu verbinden – genau so, wie er es für die Schriftgelehrten in Mt 13,52 auch notiert, zu denen er sich wohl selbst rechnet. Denn genau das ist eine der Aufgaben der Schriftgelehrten im Judentum: Die alten Traditionen aktualisieren, sie für die Gegenwart anwenden, festlegen, was man tun und lassen soll, wenn man auf den Wegen der Tora und damit auf den Wegen Gottes bleiben will. Auch Schriftgelehrte binden und lösen insofern, tun also jenes, was der matthäische Jesus dem Fischer Petrus (Mt 4,18–20) in Mt 16,13–20 zunächst singulär zugesprochen hatte. Dieses Binden und Lösen der Schriftgelehrten ist eines der Leitthemen von Mt 23,1–13. Denn dort wird klipp und klar und in der Sache sehr kritisch formuliert, dass eben auch die Schriftgelehrten (zusammen mit den Pharisäern) Bindungen vornehmen und mit ihrer Schlüsselgewalt sogar das Himmelreich verschliessen (Mt 23,1–7.13):

> [1] Da redete Jesus zu den Volksmengen und zu seinen Schülern,
> [2] sagend:
>> Auf des Moses Sitz setzten sich die Schriftkundigen und die Pharisaier. [3] Alles nun, was immer sie sprechen zu euch, tut und bewahrt, nach ihren Werken aber tut nicht! Denn sie reden, aber nicht tun sie. [4] Sie *binden* aber schwere [und unerträgliche] Lasten, und auflegen sie (sie) auf die Schultern der Menschen, selbst aber mit ihrem Finger nicht wollen sie bewegen sie. [5] Alle ihre Werke aber tun sie zum Gesehenwerden bei den Menschen; denn breit machen sie ihre Gebetsriemen, und gross machen sie die Quasten, [6] sie lieben aber das Erstlager bei den Mählern und die Erstsitze in den Synagogen [7] und die Begrüssungen auf den Märkten und gerufen zu werden von den Menschen Rabbi. [13] Wehe aber euch, Schriftkundige und Pharisaier, Heuchler, weil ihr *verschliesst* das *Königtum der Himmel* vor den Menschen; denn ihr geht nicht hinein, und die Hineingehenden lasst ihr nicht hineinkommen.

Es ist wahrlich kein gutes Zeugnis, das der matthäische Jesus hier den Schriftgelehrten und Pharisäern ausstellt. Sie sind Heuchler, reden viel und tun selbst wenig, was ihren Reden entspricht. Schärfer noch: Sie beschweren die Menschen mit Lasten, mit unerträglichen religionsgesetzlichen Forderungen, halten sich aber nicht selbst an ihre Ge- und Verbote. Und wenn sie etwas tun und sich an die von ihnen interpretierte Tora halten, dann mit einer ausgesprochenen Um-zu-Logik, wie wir sie bereits von den Zebedaiden aus dem Markusevangelium kennen: Die Pharisäer und Schriftgelehrten wollen bei den Menschen gross raus kommen, wollen die Ehrenplätze bei den Mählern (erneut wie die Zebedaiden des Markus) und in den Synagogen die besten Plätze, sozusagen den Lehrstuhl «des Mose», wie V. 2 es nennt, wollen in der Öffentlichkeit hofiert und mit dem klangvollen Titel «Rabbi», Lehrer, angesprochen werden. Allenfalls deshalb folgen sie ihren eigenen Lehren und tun die Werke der Tora.

Ihrer Lehre, ja, der kann und soll man folgen, aber nicht ihren Taten. Denn die sind durch die hintergründige Haltung korrumpiert und verdorben. Sie praktizieren ihre Macht, um selbst gross zu werden. Sie selbst, so hält V. 13 deutlich fest, verfehlen damit das Reich Gottes – und dies gerade auch, weil und insofern sie es für andere versperren und diesen anderen, denen sie schwere Lasten aufbürden, suggerieren, dass sie eben nicht in das Reich Gottes hineinkommen können, weil sie an den Lasten, dem Gewicht der Tradition mit ihren Ge- und Verboten, gescheitert sind. Dabei, so der matthäische Jesus in V. 13, sind diese anderen bereits in das Reich Gottes hineingegangen. Das ist paradox genug, folgt aber der jesuanischen Grundüberzeugung, dass das Reich Gottes längst angebrochen ist. Nur haben sie dafür keine offenen Augen und Ohren, weil sie durch die überfordernden Lasten blockiert sind, die ihnen die Pharisäer und Schriftge-

Die Reich-Gottes-Botschaft Jesu

Aus der Sicht biblischer Exegese ist es eine der Grundüberzeugungen des historischen Jesus von Nazaret, die manchmal direkt, manchmal dezenter zwischen den Zeilen des Neuen Testaments hervorlugt: Das Reich Gottes, auf dessen Anbruch viele Jüdinnen und Juden in den Tagen Jesu warten, ist bereits in dieser Welt angebrochen und ist keine jenseitige Grösse, auf die man noch warten müsste. Gott hat den Satan, für weite Teile der jüdischen Kultur im Umfeld des Neuen Testaments ist das der oft personal gedachte Gegenspieler Gottes schlechthin, bereits aus dem Himmel geworfen, den Jesus wie einen Blitz aus dem Himmel fallen sieht (Lk 10,18). Für Jesus sind damit die Würfel im Rahmen der aus der jüdischen Apokalyptik stammenden Reich-Gottes-Theologie gefallen. Denn diese denkt die Durchsetzung des Reiches Gottes im Rahmen von zwei Stockwerken, einem himmlischen und einem irdischen. Wenn Gott den Satan aus dem Himmel geworfen hat und damit seine Gottesherrschaft im Himmel bereits errichtet hat, dann determiniert dies für Jüdinnen und Juden die Entscheidung zwischen göttlichen und widergöttlichen Mächten auf der Erde. Dann ist das Reich Gottes mitten in den Strukturen dieser konkreten Welt schon angebrochen. Man muss nur richtig hinsehen, um seine sich Stück für Stück vollziehende Durchsetzung auf der Erde wahrzunehmen. Jesus hat diese spezielle Optik: Er sieht in seinem Umfeld und durch sein Wirken die Dämonen bereits weichen, was ein untrügliches Zeichen für die Durchsetzung des Reiches Gottes ist (in Lk 11,20 formuliert Jesus insofern höchst passend: «Wenn ich mit dem Finger Gottes die Dämonen hinauswerfe, dann ist das Reich Gottes schon zu euch gekommen!»). Er sieht, dass auch durch sein Tun Kranke geheilt werden, Sünder, Zöllner und Nichtjuden sich zum Gott Israels bekehren. Und deshalb feiert er mit ihnen bereits das Fest der Gottesherrschaft, spricht Sündenvergebung mitten im Alltag und ohne rituelle Opfer zu (vgl. z.B. Mk 2,1–12), liegt mit solchen zu Tisch, mit denen fromme Juden eigentlich nicht Mahlgemeinschaft halten: mit Randfiguren des Judentums, mit den verlorenen Schafen des Hauses Israels, oder gar mit

> Nichtjuden. Für Jesus ist Mahlgemeinschaft mit ihnen allen geradezu Gebot der Stunde, weil zur Gottesherrschaft ein Festmahl aller Menschen gehört. Das bringt Jesus den Vorwurf des Fressers und Weinsäufers ein, der die falschen Freunde hat (vgl. Mt 11,19). Aber das stört Jesus nicht. Er wirbt für seine Sicht der Dinge, für seine theologische Grundüberzeugung: Der grosse Machtwechsel ist bereits erfolgt. Wir leben schon im Reich Gottes. Zu diesem angebrochenen Reich Gottes gehört im Übrigen auch die Überzeugung, dass die Toten aus dem Tod und ihren Gräbern auferweckt werden und neu im Reich Gottes leben, das sich mitten auf der Erde realisiert. Jesus selbst macht für die Jesusbewegung damit den Anfang. Viele werden ihm folgen, wie Paulus etwa in 1 Kor 15,20–28 ausformulieren kann. Und jeder, der Jesus als Auferweckten und Auferstandenen bekennt, sagt damit zugleich aus, dass das Reich Gottes schon im Hier und Jetzt angebrochen ist.

lehrten als für das Reich Gottes absolut notwendig zu erfüllen auferlegt haben. Hart geht also der Schriftgelehrte Matthäus, der diese Worte seinen Jesus sprechen lässt, mit seinen Berufskollegen ins Gericht. Und an diesen Worten muss er sich natürlich auch selbst messen lassen.

Das freilich nimmt Matthäus in Kauf. Denn dem klugen Schriftgelehrten gelingt vermittels der Fremd- und Selbstkritik an anderen ein argumentatives Kunststück. Durch die Blume kann er nämlich Leitlinien beschreiben, wie andere «Schlüsselfiguren» ihre Macht ausüben sollen, Menschen wie Petrus, die in der matthäischen Gemeinde für sich das Recht beanspruchen, zu binden und zu lösen, oder die dieses Recht durch die Gemeinde zugesprochen bekommen haben. Liest man nämlich die Weherufe gegen die verkorkste Schlüsselpolitik der Pharisäer und Schriftgelehrten im Licht von Mt 16,13–20, gibt diese Wehrede Leitlinien mit auf den Weg, wie ein Petrus zu amten hat, wie Binden und Lösen erfolgen sollen: Die Nachfolger des Petrus in der matthäischen Gemeinde sollen gerade nicht das Himmelreich versperren, sollen keine schweren Lasten den Menschen aufbinden und aufbürden. Sie sollen nicht binden, sondern lösen, ihre Macht also zugunsten der Menschen einsetzen, die Teil des Reiches Gottes werden wollen. Diese prinzipielle Macht zum Binden und Lösen hat übrigens auch Mt 23 bisher nicht infrage gestellt, im Gegenteil: Man soll gerade tun, was die Schriftgelehrten sagen (V. 3).

Mehr noch: Petrus und seine Nachfolger sollen den Menschen zeigen, dass das Reich Gottes schon mitten unter ihnen angebrochen ist. Nicht Ver- und Gebote, sondern befreiende *Lösungen* von übertriebenen Erwartungen und falsch verstandenen Bürden sind daher das Gebot der Stunde. Dabei gilt für Petrus und seine Nachfolger im Besonderen, dass ihre Worte auch durch eigene Taten gedeckt sein müssen. Wasser predigen und Wein trinken, machtvoll andere zu reglementieren und sich selbst nicht an die Regeln halten – das geht nicht. Oder umgekehrt: Die Schwächen der anderen muss man im Licht und im Bewusstsein um die eigene Schwäche wahrnehmen und mit jener Barmherzigkeit begleiten, derer man selbst bedarf.

Gerade dieser Gedanke ist in der berühmten matthäischen Warnung vor dem unbarmherzigen Richten in Mt 7,1–5 präsent: «Richtet nicht, damit ihr nicht gerichtet werdet …» Und er findet sich auch in der Goldenen Regel von Mt 7,12: «Alles nun, was immer ihr wollt, dass euch die Menschen tun, das tut auch ihr ihnen!» Und auch die Petrusfigur des Matthäusevangeliums weiss spätestens seit ihrem missglückten Versuch, auf dem Wasser zu gehen, um ihre eigene Schwäche und ihren eigenen Kleinglauben (vgl. Mt 14,22–33), der sich auch in der Verleugnungsszene (Mt 26,69–74) wieder zeigen wird.

Im Spiegel der anderen wird in Mt 23 also deutlich, wie Macht auszuüben ist: zugunsten der Menschen, barmherzig und nicht mit Blick auf den eigenen Vorteil. Dieser Versuchung der Macht erliegen die Pharisäer und Schriftgelehrten, und ihr sollen die Petrusfiguren der Gemeinde des Matthäus gerade nicht erliegen.

Damit das wirklich deutlich wird, verlässt der matthäische Jesus in den V. 8–12 für einen Augenblick die Ebene der Weherufe und spricht ohne Rückgriff auf das Tun der Pharisäer und Schriftgelehrten sein Publikum direkt an, nämlich die Schüler und die Volksmenge (V. 1), wobei die matthäische Gemeinde sich sicher auch angesprochen fühlen darf. Jesus spricht Klartext, wenn er formuliert:

> *8* Ihr aber sollt nicht gerufen werden Rabbi; denn einer ist euer Lehrer, ihr alle aber seid Brüder. *9* Auch Vater sollt ihr nicht rufen (einen) von euch auf der Erde, denn einer ist euer Vater, der himmlische. *10* Auch sollt ihr nicht gerufen werden Meister, denn euer Meister ist einer, der Christos. *11* Der Grössere aber von euch soll sein euer Diener. *12* Wer aber erhöhen wird sich selbst, erniedrigt werden wird er, und wer erniedrigen wird sich selbst, erhöht werden wird er.

Nicht nur von Ferne hört man in diesem Textabschnitt uns gut vertraute Echos aus dem Markusevangelium: Niemand in der matthäischen Gemeinde soll sich Rabbi nennen lassen. Das ist die Brücke zum Tun der Schriftgelehrten, die nach V. 7 genau auf diesen Titel scharf sind. Und niemand soll sich Vater nennen lassen. Damit wird sogleich klar, dass es trotz der matthäischen Redaktion von Mk 10,29 f. auch für Matthäus keinen *pater familias* in der Gemeinde geben kann. Und auch Meister soll sich niemand nennen lassen. Lehrer, Vater und Meister: Das sind Gott und sein Christus – und niemand sonst. Und wer sich selbst gerne mit einem solchen Titel schmücken will, erliegt der Versuchung der Macht, sich an die Stelle Gottes zu setzen und damit das Wesentliche zu verfehlen. Umgekehrt: Wer gross oder gar ein Grösserer in der Gemeinde sein will, soll Diener sein (so wortgleich in Mk 10,43, vgl. auch Mk 9,35; 10,44); und dies in einer Gemeinde von gleichen «Brüdern», wie Matthäus es in seiner für antike Literatur nicht untypischen männerzentrierten Sicht formuliert. Auch der in Mt 16,13–20 mit Macht ausgestattete Petrus ist also «nur» Bruder unter Brüdern. Nicht mehr, nicht weniger.

Unsere Perikope lehnt also nicht Machtausübung durch Figuren wie Petrus an sich ab. In diesem Punkt ist Matthäus im Vergleich zum Markusevangelium weniger grundsätzlich machtkritisch im Blick auf Machtausübung innerhalb der Gemeinde. Die matthäische Wehrede zeigt aber recht deutlich, wie diese Machtausübung inhaltlich zu geschehen hat, nämlich lebensförderlich, barmherzig und zugunsten der Menschen. Und sie zeigt vor allem, welcher Versuchung der Macht man in diesem Rahmen nicht erliegen darf, um nicht selbst Adressat eines jesuanischen Weherufes zu werden: Wer Macht ausübt, bindet oder löst, um selbst an Ansehen und Einfluss zu gewinnen, wer sich dabei Vater, Meister oder Lehrer nennen lässt, dem gilt das scharfe jesuanische Wehe! Im Spiegel der anderen, der Schriftgelehrten und Pharisäer, wird also die Macht des Petrus und seiner Nachfolger in der matthäischen Gemeinde inhaltlich gezähmt. Und sie wird in eine Relation zur Gesamtgemeinde («Ihr alle seid Brüder», V. 8) gesetzt – dies allerdings im Rahmen von Mt 23 in sehr zurückhaltender Form, die sich Matthäus freilich leisten kann, weil er bereits das Entscheidende in Mt 18 gesagt hat. Davon mehr auf den folgenden Seiten.

Nicht Petrus allein – oder: Die Macht der Gesamtgemeinde (Mt 18,15–18)

Wie ein lautes Echo auf die in Mt 16,19 formulierte Binde- und Lösegewalt des Petrus klingt der Vers Mt 18,18 innerhalb der matthäischen Gemeinderede. Es scheint so, als beschliesse er einen geradezu kirchenjuristisch korrekt formulierten Instanzenzug für den Umgang mit hartnäckigen Sündern in der Gemeinde (Mt 18,15–17). Allerdings: Einen kleinen, geradezu feinen, in der Sache indes ungemein gewichtigen Unterschied zu Mt 16,19 gibt es: die grammatische Person. Wird in Mt 16,19 eine einzige Person mit dem Binden und Lösen beauftragt – nämlich Petrus –, so sind in Mt 18,18 gleich mehrere angesprochen, die das Binden und Lösen vollziehen – die Gesamtgemeinde. Im Griechischen, in dem das Neue Testament verfasst ist, sind das nur ganze drei kleine Buchstaben Unterschied. Aber diese machen hellhörig und tragen dazu bei, die Macht eines Einzelnen und damit auch die Versuchungen der Macht zu begrenzen.

* * *

Als Theologiestudent begegnet man im Laufe seines Studiums allen Fächern im Kanon der Theologischen Disziplinen. Manche packen einen zumindest für den Moment, andere ziehen einen für lange Zeit in ihren Bann, und für wieder andere kann man sich – trotz didaktisch gut versierter Lehrender – allenfalls mit Mühe begeistern. Manchmal wollen Fach und Mensch eben einfach nicht so richtig zusammenpassen. Kirchenrecht und ich: Das war so eine Kombination, die nicht richtig aufging. In einer Vorlesung freilich ging es auch um die Wurzeln rechtlicher Regelungen im Christentum – ein Thema, das Einblicke in das Neue Testament versprach. Und hier begegnete mir jener Text aus Mt 18,15–18, der in geradezu kirchenrechtlich präziser Manier eine rechtliche Regelung für den Gemeindeausschluss eines hartnäckigen Sünders formuliert. Worum geht es genau?

Den Ausgangspunkt der rechtlichen Regelung, sozusagen den eigentlichen Straftatbestand, hält V. 15a fest:

«Wenn aber gesündigt hat [gegen dich] dein Bruder ...»

Es geht um den Umgang eines in V. 15a angesprochenen «Du» mit einem Mitbruder – Matthäus formuliert hier gewiss männlich inklusiv; auch die Sünden der Schwestern in der Gemeinde können im Rahmen dieses Verfahrens Thema sein – innerhalb der Gemeinde, der offenkundig gesündigt hat. Die Anrede mit «Bruder» betont noch einmal die Gleichheit aller und erinnert an Mt 23,8: «ihr alle aber seid Brüder». Das rechtliche Prozedere der V. 15–17 regelt daher innergemeindliche Konflikte und zielt nicht auf etwas, das ausserhalb der Jesusgemeinde liegen würde. Unklar ist allerdings, um welche Sünde es sich handelt und wann das angesprochene «Du» überhaupt aktiv werden darf. Im Hintergrund steht ein Problem der Textüberlieferung (s. die Informationen zur «Textkritik» im Beitrag «Gemeindemütter»), denn das in unserer Bibelübersetzung in eckigen Klammern gesetzte «gegen dich» findet sich in manchen Handschriften nicht. Darunter sind auch sehr alte und für die Rekonstruktion des Ausgangstextes des Matthäusevangeliums besonders gewichtige Handschriften. Dazu gehört etwa der Codex Sinaiticus, eine Handschrift aus dem 4. Jahrhundert n. Chr., die ein gesamtes Neues Testament enthält und die zu den wichtigsten Textzeugen für die Überlieferung des

Neuen Testaments gerechnet wird. Viele andere und ebenfalls gewichtige Handschriften hingegen bieten das «gegen dich» als Bestandteil des matthäischen Textes. Ob es auch für die Gemeinde des Matthäus und für Matthäus selbst Teil seiner Jesusgeschichte war? Die eckigen Klammern in unseren Bibelübersetzungen zeigen an, dass das eine offene Frage ist, die nicht mit letzter Sicherheit zu entscheiden ist. Steht das «gegen dich» nicht im Text, so kann das «Du» immer dann aktiv werden, wenn es von einer Sünde eines Bruders erfährt. Steht das «gegen dich» indes im Text, so kann das «Du» nur dann aktiv werden, wenn es selbst unmittelbar von der Sünde des Bruders betroffen ist, dieser sich also gegen das «Du» versündigt hat. Das würde den Kreis möglicher Sünden schon erheblich einschränken, weil es dann letztlich um Auseinandersetzungen im sozialen Miteinander geht. Wie auch immer man sich entscheidet: In jedem Fall ist klar: Das «Du» und sein Bruder sind Mitglieder der Jesusgruppe. Für alle Fälle, in denen das «Du» das Fehlverhalten eines Menschen als Sünde begreift, der aber gar nicht Teil der Jesusgruppe ist, greift das mit V. 15b beginnende Verfahren indes nicht.

Dieses allein innergemeindliche Verfahren ist mehrstufig organisiert:

Der Ausgangspunkt
¹⁵ Wenn aber gesündigt hat [gegen dich] dein Bruder,

Die erste Phase
geh fort, überführe ihn zwischen dir und ihm allein.
Wenn er dich hört, gewannst du deinen Bruder;

Die zweite Phase
¹⁶ wenn er aber nicht hört, nimm mit dir noch einen oder zwei, damit auf (dem) Mund von zwei Zeugen oder drei bestehe jedes Wort;

Die dritte Phase
¹⁷ wenn er aber vorbeihört an ihnen, sprich zur Gemeinde;

Die vierte Phase
wenn er aber auch an der Gemeinde vorbeihört, sei er dir wie der Nichtjüdische und der Zöllner.

Die V. 15b–17 beschreiben ein Verfahren, das sich phasenweise ausweitet und die Öffentlichkeit der Gemeinde einbezieht. Es ist zutiefst kommunikativ angelegt und setzt auf das Gespräch mit dem sündigen Bruder. Es ist also in jeder Phase ein Verfahren, an dem der sündige Bruder unmittelbar beteiligt ist. Es wird nicht über ihn, sondern stets mit ihm gesprochen. Konkret: In der ersten Phase kommt es zum Gespräch unter vier Augen. Das «Du» und der sündige Bruder sollen sich aussprechen. Hört der sündige Bruder auf das «Du», ist das Verfahren bereits erledigt und Versöhnung hat stattgefunden. Und natürlich wäre auch denkbar, dass der sündige Bruder das «Du» überzeugt, dass das umstrittene Verhalten überhaupt keine Sünde darstellt und es keinen Grund für einen Konflikt zwischen beiden gibt.

Hört der Bruder nicht auf das «Du», sieht also den in Rede stehenden Sachverhalt anders oder verhärtet sich in seiner Position, kommen in der zweiten Phase Zeugen mit hinzu. Das «Du» soll noch zusätzlich ein oder zwei weitere Gemeindemitglieder in das Gespräch integrieren, die als Zeugen fungieren. Dazu motiviert der Text mit einem Zitat aus Dtn 19,15, das aus dem Zeugenrecht im Rahmen von Strafprozessen stammt. In Dtn 19,15 geht es darum, dass nicht ein Belastungszeuge allein für eine Verurteilung genügt, sondern mindestens zwei, besser drei Zeugen den Straftatbestand wirklich bezeugen können müssen. Diese Bedingung wird vom «Du» erfüllt, wenn es noch ein oder zwei Personen in das Verfahren einbezieht, so dass mit dem «Du» gemeinsam zwei oder drei Zeugen auftreten können, um im Gespräch mit dem sündigen Bruder den Sachverhalt zu klären. Das heisst aber auch, dass das ganze Verfahren der V. 15–17 für das Matthäusevangelium bereits an dieser Stelle endet, wenn das «Du» keine wirklichen Zeugen für die Sünde des Bruders findet. Das begrenzt die Macht des «Du» im Rahmen des Verfahrens ganz erheblich, weil es bereits nach der ersten Phase faktisch keine alleinige Kompetenz mehr im Verfahren hat.

Findet das «Du» solche Zeugen, und der hartnäckige Sünder hört auch an «ihnen» vorbei – ein Personalpronomen im Übrigen, das aufmerken lässt, müsste hier doch eigentlich «euch» stehen, weil das angesprochene «Du» ja in die Zeugengruppe integriert war; das «ihnen» indes macht die Bedeutung der Zeugen im Gegenüber zur abnehmenden Bedeutung des «Du» deutlich –, tritt das Verfahren in seine dritte Phase, und das «Du» stellt den Fall der Gesamtgemeinde vor. Und wieder ist der sündige Bruder natürlich daran beteiligt und steht jetzt gemeinsam mit dem «Du» vor dem Forum der Gesamtgemeinde. Wie genau dann der Austausch vor der Gesamtgemeinde funktioniert, sagt der Text nicht. In jedem Fall hat man sich auch hier eine Auseinandersetzung im Gespräch vorzustellen, und in jedem Fall ist die Gesamtgemeinde beteiligt, nicht etwa ein Gremium von Klerikern oder ein Zirkel von Mächtigen im Hinterzimmer.

Hört der sündige Bruder nun auch auf diese Gemeinde nicht und verharrt in seinem sündigen Fehlverhalten, das natürlich auch vor dem Forum der Gemeinde als ein solches feststehen muss, so wird er nicht mehr als Bruder, sondern als Zöllner und Nichtjude bezeichnet, Begriffe, die im Rahmen der Kultur des antiken Judentums, zu dem ja auch die Jesusbewegung gehört, Menschen bezeichnen, von denen fromme Juden Abstand halten, weil sie einen schlechten Ruf haben oder schlechterdings als kultisch unrein gelten. Der sündige Bruder, der als Teil der Jesusbewegung auch Teil des

Zöllner

Zöllner begegnen im Neuen Testament vielfach. Sie gehören als Juden zur Lebenswelt Jesu und der ersten Christen. Zöllner wie Levi (Mk 2,14), Matthäus (Mt 9,9) oder Zachäus (Lk 19,2) tragen allesamt traditionelle jüdische Namen, sind also Juden. Der Begriff meint generell eine bestimmte Berufsgruppe, die ihren Lebensunterhalt mit der Einnahme von indirekten Steuern bestreitet. Dazu gehören etwa Steuern auf Salz, die Nutzung von Brücken und Wegen, Marktsteuern und manches mehr. Dieses Recht zur Steuereinnahme erwerben Zöllner für ein bestimmtes Gebiet vorgängig beim jeweiligen regionalen Landesherrn, der das Recht zur Steuereinnahme gegen Geld verpachtet und seinerseits ggf. Abgaben an die ihm übergeordnete Instanz abliefern muss, so dass schon er das Zollrecht zu höheren Preisen verkaufen muss, um einen Gewinn für sich zu erwirtschaften. Zöllner sind also Steuerpächter und arbeiten gleichsam als Einzelhändler im Rahmen einer Kette von Steuerunternehmen, in der die jeweiligen regionalen Landesherren die Funktion von Zwischenhändlern übernehmen, während am Ende der Kette der Urheber der Steuer steht. Und das ist für die Zeit Jesu und der ersten Christen der römische Kaiser. Sein Herrschaftsapparat legt fest, welche Summe eine jeweilige Provinz, Region oder ein Klientelkönigtum (wie etwa das der herodianischen Herrscher) an das Imperium abführen muss. Zwischenhändler wie König Herodes der Grosse strecken diese Summe vor und erwirtschaften sie ihrerseits mit Gewinn, indem sie das Recht zur Steuereinnahme beim Endkunden, also bei der Bevölkerung, gegen Vorkasse an Zöllner verpachten, die natürlich selbst Teil der Bevölkerung sind. Je weiter die Steuer also nach unten weiterverpachtet wird, desto teurer wird sie, weil jeder Gewinn erzielen möchte. Zöllner zahlen also für eine Steuer zwingend mehr als die Tributsumme, die der Klientelherrscher an das Imperium abführt. Und sie müssen ihrerseits durch die Eintreibung der Steuern die Investition samt Gewinn rückerwirtschaften. Sie sind also waschechte Steuerunternehmer und müssen, um selbst einen Gewinn zu haben, höhere Summen verlangen, als der eigentliche Landesherr als offiziellen Steuersatz ausgibt. Das macht sie unbeliebt, trägt ihnen den Vorwurf des erpresserischen Wuchers ein (vgl. Lk 19,8) und lässt sie vor allem auch als Kollaborateure der oft wenig gut beleumundeten Landesherren erscheinen. Sie sind – auch als Juden – der für die Bevölkerung greifbare verlängerte Arm Roms und zeigen im Alltag die Besatzung durch Rom an. Man könnte sie sogar mit den römischen Legionären vergleichen, die durch ihre Präsenz ebenfalls anzeigen, wer letztlich Herr im und über das Land ist. Die Zöllner sind dabei zwar nicht mit Schwert und Schild bewaffnet, dafür aber mit Rechenschieber, Notizzettel, Gewichten und Massen, den Instrumenten ihrer Arbeit, mit denen sie das römische Abgabensystem am Laufen halten.

jüdischen Gottesvolkes war, scheint also plötzlich seine Mitgliedschaft in der Jesusgruppe verloren zu haben. Mit einem modernen Wort gesprochen: Er ist exkommuniziert, weil er sich als hartnäckiger Sünder zeigt.

Überblickt man dieses Verfahren gesamthaft, fällt bis zu diesem Punkt mindestens viererlei auf:

1. Die Eskalation des Konfliktes erfolgt immer nur stufenweise, so dass eine gesichtswahrende Umkehr des sündigen Bruders zu jedem Zeitpunkt möglich ist.
2. Das Verfahren ist grundlegend dialogisch angelegt und bindet in jeder Phase den sündigen Bruder ein. Er ist beteiligt, kann Rede und Antwort stehen, argumentieren, sich verteidigen und natürlich auch sein Fehlverhalten einsehen; an seinem Verhalten entscheidet sich, welchen Verlauf das Verfahren nimmt.
3. Die alleinige Entscheidungsmacht eines Einzelnen, hier konkret des in V. 15a adressierten «Du», endet im Rahmen der V. 15–17 bereits nach der ersten Phase, da die zweite Phase zwingend Zeugen beteiligt.
4. Gott spielt in diesem Verfahren selbst überhaupt keine Rolle, was erstaunlich ist, haben wir uns doch ange-

wöhnt, Sünde vor allem als Störung der Gott-Mensch-Beziehung zu verstehen. Aber das ist im Rahmen von Mt 18,15–17 überhaupt nicht im Blick. Sünde ist hier primär ein soziales Phänomen, das die Gemeinde und das Miteinander ihrer Glieder betrifft. Entsprechend ist im Licht dieses Verfahrens auch Sündenvergebung eine zutiefst zwischenmenschliche Angelegenheit, die allerdings im Letzten auch himmlische Auswirkungen zeitigt, wie dies im Rahmen des Matthäusevangeliums und seines Konzepts der gegenseitigen zwischenmenschlichen Sündenvergebung typisch ist, die mit der göttlichen Sündenvergebung verwoben ist. In diesem Sinne lohnt z. B. eine Lektüre von Mt 6,9–15; 18,21–35, wo es um Gottes Vergebungsbereitschaft geht, die bei Matthäus aber an die zwischenmenschliche Vergebung rückgebunden ist.
Um gerade diese letzten beiden Aspekte nochmals deutlich zu machen, schliesst sich mit V. 18 die Wiederaufnahme des Spruches vom Binden und Lösen aus Mt 16,19 an:

> Amen, ich sage euch: Wieviel immer ihr bindet auf der Erde, wird gebunden sein im Himmel, und wieviel immer ihr löst auf der Erde, wird gelöst sein im Himmel.

Dieses «Ihr» aus V. 18 kann sich kontextuell nur auf die Gesamtgemeinde aus V. 17 rückbeziehen, zu der natürlich auch das in V. 15–17 angesprochene «Du» gehört und bis zum Ende des Verfahrens auch der sündige Bruder gehört hat. Die Gemeinde bekommt also insgesamt jene Vollmacht zum Binden und Lösen zugesprochen, zum Fällen von verbindlichen religionsgesetzlichen Entscheidungen, die nach Mt 16,19 zunächst der Petrusfigur allein zustand. Überträgt man das auf V. 17, dann ist es an der Gemeinde zu entscheiden, wie es mit dem sündigen Bruder weitergeht, ob er gebunden ist oder ob seine Sünden gelöst sind. Und das hat auch zukünftige Auswirkungen auf das Himmelreich, also das Reich Gottes, wie V. 18 formuliert.

Mit Mt 18,18 formuliert der matthäische Jesus erkennbar ein deutliches inhaltliches Gegengewicht zur Macht eines Einzelnen und eben auch zur Macht des Petrus. Das fügt sich in die bereits gemachten Beobachtungen ein, dass die Macht des «Du», das das Gemeindeausschlussverfahren anstösst, bereits nach der ersten Phase des Verfahrens begrenzt ist. Einsamen religionsgesetzlichen Entscheidungen eines Petrus oder seiner Nachfolger innerhalb der matthäischen Gemeinde, die zum Ausschluss aus der Gemeinde führen, schiebt Mt 18,15–18 mithin einen korrigierenden Riegel vor.

Und auch das: Wie die matthäische Gemeinde ihre Vollmacht zum Binden und Lösen inhaltlich auszugestalten hat, die ja auch Auswirkungen auf den Zugang zum Himmelreich hat, wird Mt 23,13 «im Spiegel der anderen», also mit Blick auf Pharisäer und Schriftgelehrte und ihre Praxis des Bindens und Lösens, auch für die Gesamtgemeinde formulieren. Auch sie soll und muss den Zugang zum Himmelreich offenhalten, soll lösen und gerade nicht binden. Was im Licht von Mt 23,1–13 für Petrus und die Petrusse der matthäischen Gemeinde galt, gilt unmittelbar auch für die Gesamtgemeinde und die Nutzung ihrer durch Mt 18,15–18 festgeschriebenen Macht.

Eine Art juristischer Schönheitsfehler allerdings bleibt bei dieser matthäischen Einhegung und teilweisen Korrektur von Mt 16,13–20 bestehen. Und der hat mit V. 17 und der vierten Phase des scheinbaren Gemeindeausschlussverfahrens zu tun: «Wenn er aber vorbeihört an ihnen, sprich zur Gemeinde; wenn er aber auch an der Gemeinde vorbeihört, sei er *dir* wie der Nichtjüdische und der Zöllner.» Dieses «dir» ist irritierend. Hätte Matthäus hier nicht eigentlich «für euch» schreiben müssen, so dass der sündige Bruder für die Gemeinde nun wie ein Nichtjude und Zöllner sein soll? Sie war doch in dieser Phase das entscheidende Gremium, vor dem der Fall des sündigen Bruders verhandelt wird. Müsste dann nicht er für *sie* als Zöllner und Nichtjude gelten? Irritierenderweise lässt Matthäus seinen Jesus in der Gemeinderede aber wieder das «Du» adressieren. Wie lässt sich das erklären? Mehr dazu im nächsten Beitrag.

*Exkommunikation? – oder:
Die Einhegung der Macht der
Gemeinde (Mt 18,15–18)*

Was auf den ersten Blick juristisch korrekt formuliert ist und auf einen gemeindlichen Exkommunikationsprozess hinausläuft, in dem sich das Binden und Lösen der Gemeinde verwirklicht, entpuppt sich bei näherer Betrachtung als ein bewusst unwirksam gemachtes Gesetz. Wenn man Mt 18,15–18 genau liest, wird im Rahmen des dort beschriebenen Verfahrens auch die Macht der Gesamtgemeinde eindeutig begrenzt und eingehegt.

* * *

Vielleicht war es das frühe Unbehagen des sich für das Neue Testament begeisternden Theologiestudenten, das eine gewisse Skepsis im Blick auf eine kirchenrechtliche Lektüre von Mt 18,15–18 mit sich brachte. Denn im Licht exegetischer Methodik konnte da irgendetwas nicht stimmen mit der kirchenrechtlichen Lektüre des matthäischen Textes. In juristischer Perspektive las man ihn als Beschreibung eines gemeindlichen Rechtsverfahrens, das hartnäckige Sünder aus der Gemeinde ausschloss. Und auch exegetisch wird die Perikope tatsächlich so gelesen, wie etwa der Matthäuskommentar von Peter Fiedler zeigt. Er formuliert: Der/die «hartnäckig gebliebene Sünder/in hat das Recht verwirkt, zur Gemeinde zu gehören» (Peter Fiedler, Das Matthäusevangelium [Theologischer Kommentar zum Neuen Testament 1], Stuttgart 2006, 305). Nur funktioniert diese Lektüre mit Blick auf

Mt 18,15–17 nicht. Wir erinnern uns: Das Schlussvotum, der sündige Bruder habe wie ein Nichtjude und Zöllner zu gelten, war nicht für die in V. 17 eigentlich aktive Gesamtgemeinde bestimmt, sondern richtete sich an das ab V. 15 angesprochene «Du». Nur für die Beziehung zwischen diesem «Du» und seinem sündigen Bruder wird also eine abschliessende Konsequenz ausformuliert, was im Übrigen kontextuell nahelegt, dass im Licht von V. 17 es wahrscheinlicher ist, dass in V. 15 das textkritisch umstrittene «gegen dich» zum ursprünglichen Textbestand des Matthäus gehört, weil es auch am Ende des Verfahrens nur um diese beiden geht. Die Beziehung zwischen diesen beiden ist gestört. Aber das ist alles andere als ein Gemeindeausschluss, eine Form der Exkommunikation. Das Verhältnis zwischen Gesamtgemeinde und sündigem Bruder wird im Rahmen von V. 15–17 überhaupt nicht abschliessend thematisiert, so dass der sündige Bruder auch weiterhin zur Gemeinde gehört.

Allerdings, so scheint es, dürften die V. 15–17 dann erhebliche Spannungen in der Gesamtgemeinde in Kauf nehmen, wenn doch ein Bruder den anderen als verachtenswerten Zöllner, gar als Nichtjuden, betrachten soll. Aber auch hier hat Matthäus längst vorgesorgt. Denn im Gegensatz zur eigentlich negativen Charakterisierung von Zöllnern und Nichtjuden im Rahmen des antiken Judentums haben Nichtjuden und Zöllner im Matthäusevangelium eine ausgesprochen positive Bedeutung. Nur einige Beispiele:
- Abraham, der Stammvater von Juden und Nichtjuden, steht am Anfang des Stammbaumes Jesu, und vier nichtjüdische Frauen (Tamar, Rahab, Rut, Batseba) sind Stammmütter Jesu und werden im Stammbaum eigens genannt: Jesus selbst hat also nichtjüdische Vorfahren (Mt 1,1–17).
- Magier, Angehörige einer nichtjüdischen Priesterelite, machen dem Jesuskind als erste Erzählfiguren überhaupt ihre Aufwartung, während die jüdische Elite,

Herodes der Grosse und die Schriftgelehrten, in Jerusalem verbleibt; Nichtjuden sind von Anfang an offen für Jesus (Mt 2,1–12).
- Zöllner wie Matthäus werden von Jesus in seine Nachfolge berufen und treten in die Jesusgruppe ein; mit Zöllnern und Sündern pflegt Jesus Mahlgemeinschaft. Sie gehören dazu. Für den matthäischen Jesus realisiert sich in seinem Umgang mit Zöllnern und Sündern das Tun von Barmherzigkeit, zu dem schon Propheten wie Hosea (Hos 6,6) motiviert haben (Mt 9,9–13).
- Ein nichtjüdischer Hauptmann bittet Jesus in Kafarnaum um die Heilung seines Knechtes und vertraut mit aller Kraft darauf, dass Jesus sogar aus der Ferne heilen kann, so dass Jesus ihm attestiert: «Bei keinem fand ich so grossen Glauben in Israel» (Mt 8,10; vgl. insgesamt Mt 8,5–13).
- Zu allen Völkern, den jüdischen wie den nichtjüdischen zu gehen, ist die Aufgabe der Schüler Jesu, um allen Menschen das Heilsangebot Gottes, die Botschaft vom angebrochenen Himmelreich, zu verkünden und sie somit zu Schülerinnen und Schülern Jesu zu machen (Mt 10,5–8; 28,16–20).

Jemanden als Zöllner und Nichtjuden zu betrachten, bedeutet im Rahmen des Matthäusevangeliums also, sich ganz besonders um ihn zu bemühen, ihn aufzusuchen, ihn bei allen Spannungen als gläubigen Mitbruder wahrzunehmen und im Rahmen der eigenen Jesusnachfolge auch den Umgang Jesu mit Zöllnern, Nichtjuden und Sündern nachzuahmen, insofern weiterhin mit dem sündigen Bruder im Gespräch zu bleiben, Mahlgemeinschaft mit ihm zu leben und sich um Versöhnung zu bemühen, ihm – im Bild gesprochen – weiterhin geradezu nachzulaufen.

Genau diesen Gedanken hat Matthäus mit einer Parabel unmittelbar vor den Regelungen von Mt 18,15–17 platziert.

In Mt 18,12–14 erzählt Jesus von einem Hirten, der einem Schaf, das sich selbst verirrt hat, also wie ein Sünder vom richtigen Weg abgekommen ist, so lange und engagiert nachgeht, bis er es gefunden hat. Genau das ist Hirtendienst à la Matthäus, ist mithin auch Aufgabe des Hirten Petrus und eben auch desjenigen «Du», gegen den ein Bruder der Gemeinde gesündigt hat. Das ist sogar Gottesdienst, denn nach Mt 18,14 ist es der Wille des Vaters, dass niemand, auch nicht ein kleiner und schwacher Sünder, verloren geht. Den sündigen Bruder als Zöllner zu betrachten, motiviert dazu, gerade nicht den Kontakt einzustellen, sondern nochmals zu intensivieren. Das ist gelebte Barmherzigkeit, wie sie in Mt 9,13 im Blick ist, und ordnet sich auch zielscharf in das matthäische Konzept von Sündenvergebung und Versöhnung ein. Das basiert nämlich darauf, dass Menschen einander ihre Sünden vergeben, weil nur so sich auch die göttliche Vergebungsbereitschaft realisiert – für den sündigen Bruder und für das «Du» (Mt 6,9–15). Denn alle sind Sünder (vgl. Mt 7,3–5).

Und die Gesamtgemeinde? Sie hat nach V. 15–17 nicht das Recht, einen sündigen Bruder aus ihrer Mitte auszuschliessen. Ihre Aufgabe ist es vielmehr, einen guten Rahmen zu schaffen, damit die beiden Brüder, die miteinander im Clinch liegen, einen Weg zueinander finden. Sie gleicht den 99 Schafen aus der Parabel von Mt 18,12–14, die beisammen sind und schlechterdings darauf warten, dass Hirt und verirrtes Schaf gemeinsam die Gemeinde wieder komplettieren.

Und ja, nach V. 18 hat die Gemeinde wie Petrus das Recht zum Binden und Lösen, aber auch für sie gilt dabei, was Mt 23,1–13 oder auch die Sprüche vom Richten aus Mt 7,1–5 besagen: Diese Vollmacht ist mit aller Vorsicht und lebensförderlich zugunsten des Einzelnen wie der Gesamtgemeinde zu nutzen. Wer als Einzelner oder als Gruppe diese Vollmacht mächtig, ja rücksichtslos, eben klerikalistisch im modernen Sinne nutzt, erliegt einer aus der Sicht des Matthäus gefährlichen Versuchung der Macht. Er macht sich als Einzelner oder als Kollektiv selbst gross und andere auf seine Kosten klein, versperrt den Himmel, anstatt ihn zu öffnen. Das ist brandgefährlich, denn so Mt 7,2: «mit welchem Richtspruch ihr richtet, werdet ihr gerichtet werden; und mit welchem Mass ihr messt, werdet auch ihr gemessen werden!»

Ja, das Matthäusevangelium kennt die Entscheidungsvollmacht eines Einzelnen und die der Gesamtgemeinde und lehnt solche Macht auch nicht einfach ab. Vielleicht sind die 10–20 Jahre Abstand zum Markusevangelium, das wesentlich machtkritischer im Blick auf innergemeindliche Machtausübung und Versuchungen der Macht ist, ein Grund für eine stärkere Institutionalisierung von Gemeindewirklichkeiten. Grösser werdende Gemeinden oder solche Gemeinden, die in tiefen Konflikten stehen, wie man das für die matthäische Gemeinde und ihre Auseinandersetzungen etwa um die Aufnahme von Nichtjuden in ihre Kreise immer wieder annimmt, brauchen letztlich Menschen, die Verantwortung tragen und im Konfliktfall Lösungen finden. Dem verweigert sich die matthäische Jesusgeschichte nicht. Aber sie macht sehr deutlich, welche Gefahren und Versuchungen Machtausübung mit sich bringen kann, dass Versöhnung und Sündenvergebung bei allem Konflikt für Jesusnachfolge elementar sind, und wie man die von Gott gegebene Entscheidungsvollmacht zum Binden und Lösen inhaltlich nutzen muss: zugunsten der Menschen, des Einzelnen wie der Gruppe. Dafür zieht der Text bemerkenswerte Register erzählerischer und argumentativer Kunst.

*«Zugrunde geht der Schwache an deiner Erkenntnis ...»
(1 Kor 8,11)
Widerstand gegen die Macht von Ekstatikern, Neunmalklugen und Reichen im 1. Korintherbrief*

Aufgeblasene Erkenntnis:
Die Starken und Schwachen im Streit
um Fleischkonsum, Vegetarismus und
eine bornierte Theologie (1 Kor 8)

Nach zwei Jesusgeschichten, die von Versuchungen der Macht in unterschiedlichen Facetten erzählen, wollen wir nun in neutestamentliche Texte blicken, die nicht im Spiegel einer Jesuserzählung indirekte Einblicke in Gemeindesituationen geben, sondern sehr viel direkter Gemeindekonflikte rund um die Versuchungen der Macht in der frühen Jesusbewegung thematisieren. Wir beginnen mit dem 1. Korintherbrief, einem ausgesprochen situationsgebundenen Schreiben, das etwa 54–56 n. Chr. entstanden ist und auf konkrete Gemeindeanfragen und Probleme reagiert. Mit diesem Brief betreibt Paulus so etwas wie pastorales Gemeindemanagement aus der Ferne. Denn Paulus, der die korinthische Gemeinde zwischen 49–52 n. Chr. gegründet hat, befindet sich in Ephesus im westlichen Kleinasien. Dort hört und liest er von Streitereien und Konflikten in seiner Gemeinde, nimmt Stellung zu den Versuchungen der Macht und leistet Widerstand gegen die Macht von Ekstatikern, Neunmalklugen und Reichen.

*   *
 *

Die ersten Christen waren keine Vegetarier. Wären sie es gewesen, sie hätten sich manchen Streit um Fleischkonsum erspart, denn das Essen von Fleisch wurde gerade für die Jesusgemeinde in Korinth zu einem handfesten theologischen und kirchenpolitischen Problem. Davon erfahren wir in 1 Kor 10 und 1 Kor 8. Mit letzterem Kapitel wollen wir uns im Folgenden näher beschäftigen.

1 Kor 8 stellt Paulus gleichsam unter eine Überschrift, die wie eine Betreffzeile in einem modernen Brief funktioniert: «Über das Götzenopferfleisch aber», so dass für die Leserinnen und Leser des Briefes sogleich deutlich wird, worum es im Folgenden geht: um Fleisch, spezieller noch: um Götzenopferfleisch. Mit diesem Terminus ist aus der Sicht des Paulus Fleisch gemeint, das eine spezielle Herkunft hat: Es sind jene Fleischstücke, die bei den blutigen Tieropfern an griechisch-römischen Tempeln, wie es sie natürlich auch in der römischen Veteranenkolonie Korinth gegeben hat, nicht den Göttern geopfert wurden und die auch nicht als Entlohnung für die Kultpriester fungierten. Denn gerade bei grossen Opfertieren wie Stieren, Widdern oder Schweinen wurde in aller Regel nicht das ganze Tier den Göttern auf dem Altar geopfert, so dass immer auch Fleisch zur Verwertung durch Menschen den Kultbetrieb wieder verlassen konnte. Freilich war es durch seine ursprüngliche kultische Funktionalisierung mit einer neuen Bedeutung aufgeladen: Es war nicht einfach Fleisch, sondern eben Opferfleisch, wofür die griechische Sprache auch eigene Begrifflichkeiten wie *hierothyton* («das heilige Geopferte») oder *theothyton* («das Gott Geopferte») entwickelt hat. Und mehr noch: Es war Fleisch von besonders guter Qualität, denn nur gesunde und wohlgenährte Tiere wurden den Göttern geopfert. Je schöner und grösser das Opfertier, desto wahrscheinlicher erreicht das Tieropfer auch seine intendierte Wirkung, könnte man fast sagen. Opferfleisch wäre nach heutigen Kategorien Fleisch der Bio-Premiumqualität. Die Tempel, an deren Altären die Tieropfer stattfanden, verkauften die Fleischreste und nutzten dazu auch eine spezielle Institution antiker Städte: das *macellum*, den Markt für Fleisch-, Fisch- und sonstige Spezialitäten, den es in grossen griechisch-römischen Städten und eben auch in Korinth gab. Auch dort konnte man bei seinem Einkauf auf Opferfleisch treffen, was Paulus in 1 Kor 10,23–33

auch eigens reflektiert. Alternativ konnten die Tempel das Fleisch auch in sogenannten Tempelrestaurants anbieten, die sich unmittelbar im Umfeld der Tempel finden, so etwa auch am Asklepiosheiligtum in Korinth.

Für die Adressaten des 1. Korintherbriefes gehörte also Opferfleisch zu ihrem kulturellen Kontext, und Paulus sieht sich in seinem Brief genötigt, speziell zu diesem Thema Stellung zu beziehen. Dabei ist schon seine Wortwahl sehr aufschlussreich. Denn Paulus benennt das Opferfleisch mit dem negativ eingefärbten Begriff «Götzenopferfleisch» (*eidōlothyta*) und macht so zweierlei deutlich: 1. Dieses Fleisch steht mit dem Kult in Verbindung und war dabei nicht als Opfer für den einen und einzigen Gott, eben den Gott Israels und damit den Gott Jesu, gedacht, denn dem kann man nur in Jerusalem kultisch opfern. 2. Die Götter, für die dieses Fleisch einmal gedacht war, sind selbst natürlich keine Götter, die es im monotheistischen Weltbild des Paulus, der Juden und Christen nicht geben kann; sie sind keine heiligen *theoi* (Götter), denen man ein *theothyton* opfern könnte. Sie sind vielmehr Götzen, Trugbilder, Phantome, eben *eidōla*, denen man entsprechend *eidōlothyta* opfert. In seiner Formulierung ist Paulus also gut monotheistisch, erklärt die paganen Götter zu Nichtgöttern und nimmt doch ernst, dass dieses Fleisch ursprünglich einen kultischen Kontext, man könnte fast sagen: Beigeschmack hat.

Und genau hier wird ein Problem sichtbar, das in 1 Kor 8 verhandelt wird und hinter dem sich eine Versuchung der Macht verbirgt. Denn in der korinthischen Gemeinde gibt es ganz offensichtlich eine Gruppe, die die starke Erkenntnis hat, dass es nur einen Gott gibt, waschechte Monotheisten sozusagen. Für sie ist klar: Wenn es nur einen Gott gibt, dann kann es so etwas wie Opferfleisch für andere Götter gar nicht geben, weil es diese Götter nicht gibt. Und in der Folge kann man dieses Fleisch bedenkenlos einkaufen und konsumieren, weil es sich angesichts der theologischen Erkenntnis, dass es nur einen Gott gibt, schlechterdings nur um Fleisch handelt. Es hat keinen kultischen Beigeschmack. Es schmeckt nach Rind, Schwein und Kalb und nicht nach Weihrauch und Altar. Ihre theologische Position und die damit verbundenen Ernährungskonsequenzen zitiert Paulus in 1 Kor 8 direkt. Vielleicht hat er in Ephesus einen Brief von ihnen erhalten oder sonstwie von ihrer Sicht der Dinge Kenntnis bekommen. Jedenfalls schreibt Paulus (1 Kor 8,4–6.8):

> [4] Über das Essen nun des Götzenopferfleisches: Wir wissen, dass kein Götze in (der) Welt (ist) und dass kein Gott (ist), ausser einem. [5] Denn wenn auch sogenannte Götter sind, sei es im Himmel, sei es auf Erden, wie ja viele Götter sind und viele Herren, [6] doch für uns (ist) ein Gott, der Vater, von dem alles, und wir auf ihn (hin), und ein Herr Jesus Christos, durch den alles, und wir durch ihn. [8] Eine Speise aber wird uns nicht beistehen vor Gott; weder, wenn wir nicht essen, stehen wir zurück, noch, wenn wir essen, haben wir mehr.

Das ist eine inhaltlich starke Position: Es gibt nur einen Gott! Und für uns, die wir diese Erkenntnis haben, ist klar, dass es keine Götzen und Götter gibt, sondern nur diesen einen Gott (V. 4), selbst wenn andere Mitmenschen in Korinth das anders sehen, wie V. 5 ausführt. Und wenn dem so ist – und wie sollte Paulus dem widersprechen –, dann ist es einerlei, welche Art von Fleisch man isst. Es ist theologisch weder von Vor- noch von Nachteil, es zu essen oder nicht zu essen, so V. 8. Und wenn zudem gilt, dass die Schöpfung und also auch das Fleisch der Tiere letztlich auf das Wirken Gottes zurückgeht (V. 6), von dem und durch den alles ist, was ist, dann spricht nichts dagegen, auch sogenanntes Opferfleisch zu essen. Es ist Gottes gute Schöpfung. Aus dieser theologisch sauber begründeten Option leiten ihre Vertreter das Recht und die Freiheit ab, Opferfleisch zu essen – und dies auch in der Öffentlichkeit z. B. in einem Tempelrestaurant zu tun.

Alles gut also? Mitnichten! Denn in der korinthischen Gemeinde gibt es auch die anderen, die genau diese Erkenntnis noch nicht haben oder jedenfalls aus ihrem noch brüchigen monotheistischen Glauben für sich noch nicht ableiten können, dass es in Ordnung ist, Opferfleisch zu essen. Und für sie argumentiert Paulus in 1 Kor 8. Er nennt sie die Schwachen, die das Essverhalten der Erkenntnisstarken in einen Gewissenskonflikt bringt. Ihre Position findet sich nicht als Zitat, sondern als Nacherzählung in 1 Kor 8,7.9 f.

> [7] Doch nicht in allen (ist) die Erkenntnis; einige aber, aus Gewöhnung an den Götzen bis jetzt, essen (es) wie Götzenopferfleisch, und ihr Gewissen, weil es schwach ist, wird befleckt.
>
> [9] Seht aber (zu), dass nicht etwa diese eure Vollmacht [gemeint ist das subjektiv empfundene Recht zum Essen von Opferfleisch, s. V. 4–6.8] Anstoss werde den Schwachen! [10] Denn wenn einer sieht dich, den Erkenntnis Habenden, im Götzenhaus (zu Tisch) liegend, wird nicht das Gewissen von ihm, der schwach ist, erbaut werden zum Essen (von) Götzenopferfleisch?

Gegen die theologisch geradezu hermetisch korrekte Position der Erkenntnisstarken setzt Paulus in 1 Kor 8 eine Argumentationstechnik ein, die zunächst nicht theologisch, sondern sozial argumentiert. Er führt das Gewissen der Schwachen an, die vom verführerischen Bratenduft und dem Mahlverhalten der Erkenntnisstarken im Tempelrestaurant, dem Zu-Tisch-Liegen im Götzenhaus (V. 10), dazu verleitet werden, ihrerseits Opferfleisch zu essen. Nur für diese Schwachen schmeckt das Fleisch angesichts ihrer Sozialisation in der paganen Welt (V. 7) tatsächlich auch noch nach heidnischem Weihrauchduft und Götteraltar, weil sie die handfesten Konsequenzen des Monotheismus noch nicht bis in die Spitzen durchdrungen haben. Sie essen das Fleisch und erleben dieses Essen als sündigen Rückfall in alte Gewohnheiten und meinen, ihrer Bekehrung hin zum einen Gott untreu geworden zu sein. Der Braten wird geradezu zum Teufelsbraten. Die Konsequenz daraus formuliert V. 11:

Denn zugrunde geht der Schwache an deiner Erkenntnis,
der Bruder, um dessentwegen Christos starb.

Die theologisch korrekte Erkenntnis der Starken lässt die Schwachen also auf der Strecke bleiben, sie werden nicht auferbaut, sondern gehen zugrunde. Bereits 1 Kor 8,1 hatte das vorwegnehmend angedeutet, wenn Paulus Erkenntnis und Liebe in ihren Konsequenzen gegenüberstellt:

Die Erkenntnis bläht auf, die Liebe aber baut auf.

Genau darum geht es: Die theologische Erkenntnis der Starken ist korrekt, aber sie hat zur Folge, dass die Starken sich selbst aufblähen und ihre aufgeblasene Erkenntnis all jene, die nicht diese Erkenntnis haben, klein macht. Das führt nicht nur zu Spannungen in der Gemeinde, sondern ist aus der Sicht des Paulus eben auch sozial lieblos. Die Liebe indes würde auch die Schwachen aufbauen. Aber an dieser Liebe mangelt es den Erkenntnisstarken. Sie scheinen theologisch top, aber sozial sind sie auf ganzer Linie ein Flopp. Und mehr noch: Aus der Sicht des Paulus hat auch ihre Theologie einen entscheidenden Haken. Denn ihr Essverhalten führt dazu, dass die Schwachen in der Gemeinde sich selbst wieder als in Sünde verstrickt wähnen. Sie erleben nämlich ihr Verhalten, Fleisch als Götzenopferfleisch zu essen, als falsch und sehen sich durch ihr eigenes Gewissen angeklagt. Ihren Fleischkonsum interpretieren sie als Rückfall in ihren vorchristlichen Zustand und damit als sündigen Abfall von der Jesusbewegung. Dabei starb, so V. 11, Christus auch für sie, hat auch sie aus dem Netz von Sünde und Schuld durch seinen Tod befreit. Und dieses Erlösungshandeln Jesu gilt ihnen zwar weiterhin, aber ihr eigenes Gewissen gaukelt ihnen vor, dass sie wieder in diesem Netz gefangen sind. Dass solcherart verunsicherte Brüder und Schwestern dann de facto nur allzu leicht auch aus der Jesusbewegung wieder aussteigen, weil sie meinen, dass sie hinter den Ansprüchen dieser Bewegung zurückbleiben, lässt sich leicht denken. Dabei steht am Anfang nicht die Sünde der Schwachen, sondern das rücksichtslose Essverhalten der Erkenntnisstarken. Für Paulus ist das nun eine Sünde der Erkenntnisstarken gegen alle Glaubensgeschwister, die die aufgeblähte Erkenntnis der Starken nicht haben, und zugleich eine Sünde gegen Christus selbst, weil die Erkenntnisstarken den Schwachen die Einsicht rauben, dass sie erlöst sind. So formuliert Paulus in 1 Kor 8,12:

> So aber sündigend gegen die Brüder und schlagend ihr
> Gewissen, das schwach ist, gegen Christos sündigt ihr.

Die praktische Konsequenz aus alldem notiert Paulus dann in der ersten Person Singular und macht sich selbst, den Gemeindegründer, zum Vorbild für alle Glieder der korinthischen Gemeinde (V. 13):

> Deswegen, wenn eine Speise Anstoss gibt meinem Bruder, nicht
> esse ich Fleisch (bis) in alle Ewigkeit, damit nicht meinem Bruder
> ich Anstoss gebe.

Wenn mein Konsum von Götzenopferfleisch für den anderen zum theologischen Problem wird, dann verzichte ich auf dieses Fleisch, ja sogar mehr noch und in einer typischen paulinischen Zuspitzung (Paulus spricht in V. 13 nämlich nicht mehr vom Götzenopferfleisch, sondern generell von Fleisch): Dann werde ich mein Lebtag lang zum Vegetarier. Ob die erkenntnisstarken Korinther diesen Rat des Paulus beherzigt haben? Wir wissen es nicht.

Wer sind nun genau diese Starken in Korinth? Natürlich Mitglieder der Jesusgemeinde, hat der ganze Diskussionsaufwand von 1 Kor 8 (und auch 1 Kor 10) doch nur Sinn, wenn es sich um ein innergemeindliches Problem handelt. Dabei wird es sich kaum um christusgläubige Jüdinnen oder Juden gehandelt haben, obwohl es eine jüdische Synagoge auch in Korinth in den Tagen des Paulus gegeben hat. Jüdinnen und Juden würden nämlich aus ihrer religiösen Überzeugung heraus nicht in Tempelrestaurants gehen oder Götzenopferfleisch essen. Es müssen christusgläubige Nichtjuden sein. Und hier kann man die Gruppenzugehörigkeit noch etwas eingrenzen. Denn Opferfleisch ist ein teures Vergnügen. Es zu erwerben oder überhaupt ins Tempelrestaurant zum Dinner zu gehen, verlangt ein gewisses Kapital und soziales Ansehen. Es sind also die wohlhabenden Mitglieder der Gemeinde, die letztlich mit einem guten theologischen Gewissen so weitermachen, wie sie es vor ihrem Eintritt in die Jesusbewegung gemacht haben, gutes Fleisch einkaufen und in Restaurants gehen. Hinzu kommt gewiss auch, dass diese Erkenntnisstarken zu gebildeten Kreisen gehören müssen, haben sie doch mit einer starken theologischen Erkenntniskraft für sich die Frage durchdrungen, welche praktischen Konsequenzen ein monotheistisches Glaubensbekenntnis haben kann.

Wie gesagt: Theologisch denken diese Erkenntnistheoretiker beeindruckend konsistent. Nur verlieren sie ihre Mitchristen aus dem Blick. Sie leben ihre theologische Einsicht rücksichtslos und blind für die Nöte anderer aus. Das ist fraglos eine Versuchung theologischer Macht, der hier eine

Die Starken und Schwachen 109

Gruppe innerhalb der korinthischen Gemeinde erliegt. Die blitzgescheite Erkenntnis darüber, was der Monotheismus bedeutet, führt zu einem Verhalten, das Freiheit auf Kosten anderer auslebt, weil man sich theologisch im Recht sieht. Gegen diese borniete Theologie der Neunmalklugen, die für sich wissen, was theologische Wahrheit ist, und die definieren, welche Konsequenzen aus dieser Wahrheit erwachsen, leistet Paulus mit seinem Kapitel über das Götzenopferfleisch praktischen Widerstand. Er kämpft mit sozialen und praktischen Überlegungen gegen die Versuchung der Macht aufgeblasener theologischer Erkenntnis.

Habenichtse und Trunkenbolde: Gemeindespaltung beim Herrenmahl (1 Kor 11,17–34)

Schon im Streit um das Götzenopferfleisch zeigte sich, dass es soziale Verwerfungen in der korinthischen Gemeinde gibt, die sich auf theologische Erkenntnisse und das Essen von Fleisch bezogen haben. Im Hintergrund wurde auch bereits sichtbar, dass hinter den «in der Erkenntnis» Starken und Schwachen von 1 Kor 8 auch ökonomisch «Starke» und «Schwache», also weniger Begüterte, stehen. Zwischen diesen beiden Gruppen spielen sich noch weitere Konflikte ab, auf die der 1. Korintherbrief reagiert und die mit einer weiteren Versuchung der Macht zu tun haben.

*_**

«Nichts gesagt, ist Lob genug!», hat einer meiner exegetischen Lehrer bei mancher Gelegenheit zu mir gesagt. Wenn man keine Kritik hört, dann ist schon alles in Ordnung. Paulus mag sich im 1. Korintherbrief nicht an diesen Rat halten. Er lobt seine Gemeinde – und zwar explizit, wie etwa in 1 Kor 11,2 zu lesen ist: «Ich lobe euch!». Der Grund des Lobes: Die korinthische Gemeinde orientiert sich weiterhin an den Überlieferungen des Paulus. Umso schmerzhafter muss für die Korintherinnen und Korinther nach diesem expliziten Lob der Auftakt zum nächsten Thema geklungen haben. Denn Paulus formuliert in aller Eindeutigkeit zu Beginn von 1 Kor 11,17–34: «Ich lobe euch nicht!» (V. 17). Offenkundig folgt nun ein Thema, das aus der Sicht des Paulus der entschiedenen Kritik bedarf. Es geht um das Herrenmahl der Gemeinde, also jene gemeindliche Feier, die wir heute Eucharistie oder Abendmahl nennen würden. Bei dieser Feier liegt einiges im Argen. Paulus hat von Spaltungen, Parteibildungen und Streitereien (V. 18) gehört. Gerüchte aus Korinth haben ihn also in Ephesus erreicht, freilich von solcher Vehemenz, dass er sich genötigt sieht, sogleich zu betonen, dass er zwar nicht alles, aber doch einiges aus dieser Gerüchteküche glaubt. Und schon das genügt aus seiner Sicht, um den Korintherinnen und Korinthern zu schreiben, dass sie, wenn sie zum Herrenmahl zusammenkommen, gerade nicht zum Besseren, sondern zum Schlechteren sich treffen (V. 17). Das gipfelt in der Spitzenaussage von V. 20:

Wenn ihr nun zusammenkommt zu eben diesem [gemeint sind die Herrenmahlfeiern der Gemeinde], nicht ist es ein Herren-Mahl-Essen!»

Deutlicher kann man kaum sagen, dass die Eucharistie, die die korinthische Gemeinde zu feiern meint, alles Mögliche ist, aber sicher keine Eucharistiefeier im Sinne Jesu. Punkt. Paulus lässt seiner Gemeinde keinerlei Spielraum für aufweichende Interpretationen und beschönigt nichts. Solche Fundamentalkritik provoziert natürlich Widerspruch und verlangt vonseiten des Paulus nach einer Begründung. Und Paulus liefert sie in V. 21 f. sofort mit einem begründenden «Denn» zu Beginn des Satzes nach – allerdings in für uns etwas kryptischer Weise:

[21] Denn jeder nimmt das eigene Mahl vorweg beim Essen, und der eine hungert, der andere ist betrunken. [22] Habt ihr denn etwa nicht Häuser zum Essen und Trinken? Oder verachtet ihr die Gemeinde Gottes und beschämt die Habenichtse? Was soll ich euch sagen? Soll ich euch loben? Darin lobe ich nicht.

Obwohl die Verse mit einer doppelten rhetorischen Frage schliessen, weiss Paulus natürlich sehr wohl, was er den Korinthern sagen will und dass er sie eben nicht loben will. Für das Verständnis dieser Verse wie des ganzen Abschnittes über das Herrenmahl ist entscheidend, die von Exegetinnen und Exegeten rekonstruierte Struktur der korinthischen Herrenmahlfeier zu verstehen. Und das ist tatsächlich kompliziert und verlangt auf den ersten Blick einige Umwege. Aber die lohnen sich, denn man kann Entscheidendes auch für unsere Zeit lernen.

Die Rekonstruktion des korinthischen Herrenmahls ist bibelwissenschaftlich aus mehreren Gründen hoch umstritten. Ein wesentlicher Faktor ist dabei, dass die für die Rekonstruktion der Mahlabläufe entscheidenden Verben in V. 21 und V. 33 doppeldeutig sind: Sie haben eine modale (die Art und Weise betreffende) und eine temporale (die Zeit betreffende) Perspektive: *prolambanō* in V. 21 kann dabei modal «für sich einnehmen» oder temporal «vorweg/zuvor einnehmen» bedeuten. Das Verb *ekdechomai* aus V. 33 indes kann modal «nehmt einander gastlich an» meinen und temporal «wartet aufeinander» bedeuten. Je nach vermuteter Bedeutung verschiebt sich die Rekonstruktion der Mahlfeier. Ich habe mich im Folgenden für die temporale Variante entschieden; die modale hat freilich auch ihre eigene Plausibilität. Was sich indes bei beiden Varianten nicht verschiebt, ist die Sinnspitze der paulinischen Argumentation, die – wie wir sehen werden – darauf abhebt, dass die reichen Gemeindemitglieder mit ihrem Mahlverhalten einer Versuchung der Macht ihres Standes erliegen und aktiv dazu beitragen, dass die Armen der Gemeinde auch beim Herrenmahl zu kurz kommen. Und genau das darf nicht sein, so Paulus.

Die korinthische Mahlfeier besteht aus einer Kombination von Sättigungsmahlzeit und religiös-rituellen, ja sakramentalen Handlungen, die sich auf Brot und Wein, auf den erinnernd vergegenwärtigten Leib und das Blut Jesu beziehen. Für uns heute ist das kaum mehr vorstellbar, weil unsere Abendmahl- und Eucharistiefeiern in keiner Weise den Charakter eines Sattessens haben und bestenfalls einen spirituellen Hunger nach Gemeinschaft mit Gott und untereinander stillen.

In der Antike und auch im frühen Christentum ist das grundlegend anders: Festliche Mahlzeiten am Abend weisen in der paganen/heidnischen wie in der jüdischen Antike immer eine Kombination von religiös-rituellen Elementen mit einer echten Mahlzeit auf. Und auch in der Christengemeinde von Korinth ist diese Kombination gegeben. Anders wäre auch gar nicht zu erklären, wieso Paulus in 1 Kor 11,21 von Betrunkenen und physisch Hungrigen im Gegensatz sprechen könnte. Vermutlich orientiert sich in der griechisch-römisch geprägten Stadt Korinth die Struktur der Herrenmahlfeier an der festlichen Abendmahlzeit der griechischen Kultur, dem Symposion oder der *cena*, die zuweilen schon am Nachmittag, zur neunten Stunde (um 15 Uhr), beginnt. In ihr liegen sozial in etwa gleichgestellte Menschen miteinander zu Tisch, ja mehr noch: Die Mahlgemeinschaft ist es, die die relative soziale Gleichheit der Mahlteilnehmer ausdrückt, auch wenn beim Mahl selbst bereits die Platzierung im Triklinium, dem Speisezimmer antiker Villen, ein Ausdruck eines hierarchischen Gefälles ist: Es gibt eben nur einen Platz für den Ehrengast. In seiner Nähe zu liegen, führt dazu, dass man sich selbst in seinem Glanz und seiner Ehre sonnen kann.

Die Struktur dieses Mahles sieht, etwas verkürzt gesagt (s. die Skizze weiter unten im Beitrag), so aus: Nach einer eröffnenden Götteranrufung werden mehrere Gänge mit Speisen aufgetischt (*primae mensae*), zu denen bereits Wein gereicht wird. An diese ersten Gänge, die Hauptgänge, schliessen sich die zweiten Gänge (*secundae mensae*) an, die wir vielleicht am besten als Dessert oder Käsegang verstehen können. Es gibt noch kleine Leckereien, die durchaus auch herzhaft sein können und mit Brot kombiniert werden. Zwischen diesen beiden Phasen des Mahls sind religiöse Riten platziert und können neue Gäste die Kernmahlgruppe erweitern. Religiöse Riten, etwa ein Trankopfer, markieren auch den Übergang von der mehrgliedrigen Mahlzeit hin zum eigentlichen Symposion, dem fröhlichen Gespräch bei Wein und vielleicht noch kleinen Häppchen (mehr ist nach dem in der Regel opulenten Mahl kaum zu schaffen). Beim Symposion können dann auch weitere Gäste und vor allem Berufsunterhalter und Kleinkünstler wie Musiker oder auch Hetären/Prostituierte hinzutreten.

Moralinhaltige Fragen nach der Anwesenheit evtl. schlecht beleumundeter Personen sind in 1 Kor 11,17–34 allerdings überhaupt nicht im Blick und auch nicht das Problem der korinthischen Mahlfeier. Paulus geht es um etwas anderes. Nämlich offenkundig um den Umstand, dass einige begüterte Gemeindeglieder, die Paulus als Hausbesitzer anspricht (V. 22), im Rahmen der Herrenmahlfeier übersatt und sogar betrunken sind, während andere zwar offenbar auch an der Mahlfeier teilnehmen, aber gleichwohl hungern müssen. Paulus nennt sie in V. 22 «Habenichtse». Und das ist der eigentliche Skandal, denn damit beschämen die reichen Trunkenbolde nicht nur die armen Schlucker, sondern darin zeigt sich auch eine Form der Verachtung der Gesamtgemeinde, präziser noch: der Gemeinde Gottes, also der gesamten Jesusbewegung, die natürlich über Korinth hinausgeht. Wohlgemerkt – und hier liegt ein weiteres Problem bei der Rekonstruktion der korinthischen Mahlfeier –: Dass die Habenichtse nicht an der Mahlfeier teilnehmen, sagt Paulus gerade nicht. Ebenso zielt seine Kritik nicht darauf ab, dass sie die sakramentalen

Das korinthische Herrenmahl im Vergleich zur festlichen Abendmahlzeit der antiken griechischen Kultur

Die festliche Abendmahlzeit der griechischen Kultur	Die Ereignisse im korinthischen Gottesdienst
Götteranrufung	
Cena (Beginn zur neunten Stunde) *primae mensae* (Hauptgänge)	Die reichen Korinther beginnen mit dem Essen.
Opfer für die Hausgötter sowie den Kaiser als den *Herrn* der Welt; Übergang zu den *secundae mensae* (oft mit neuen Gästen)	Die ärmeren Korinther kommen hinzu. **Brotritus** und Erinnerung an den *Herrn* Jesus
secundae mensae (Nachspeisen)	Sakramentales Essen des Herrenmahls und von «Kleinigkeiten»
Symposion **Trankopfer** zu Beginn	**Kelchritus** und Trinken des Weines
Gespräche bei Unterhaltungsprogramm und Wein	«Wortgottesdienst» (vgl. 1 Kor 14)

Riten zu Brot und Wein nicht miterleben würden, die in der christlichen Tradition Gemeinschaft mit Jesus ermöglichen. Wären die einfachen Leute von dieser durch Brot und Wein vermittelten Gemeinschaft ausgeschlossen, hätte Paulus dies sicher eigens notiert. Aber das tut er nicht. Und gleichwohl sind einige Hausbesitzer bereits volltrunken, während anderen der Bauch knurrt, obwohl man das Sakralmahl gemeinsam feiert. Wie ist das möglich?

Des Rätsels Lösung betrifft zum einen die Uhrzeit und zum anderen einen Prozess der Inkulturation der aus dem Judentum stammenden Herrenmahlfeier in die griechisch-römische Welt. Beginnen wir mit dem Zeitfaktor. Vermutlich lief das Herrenmahl in Korinth so ab: Die reichen Gemeindeglieder verfügen über mehr freie Zeit, können vielleicht als selbständige Handwerker früher Feierabend machen und beginnen schon einmal die Herrenmahlfeier mit der eröffnenden Sättigungsmahlzeit, die ja mehrgängig ausfällt, wenn man sich an Symposion und *cena* orientiert. Zu vorgerückter Stunde, wenn auch die anderen, die kleinen Leute der Gemeinde, sich nach getaner Arbeit frei machen konnten, findet der Brotritus statt. An diesen Brotritus schliesst sich ein weiterer Gang mit Speisen an. So legt es nämlich 1 Kor 11,25 nahe, wenn nach dem Brotritus noch von einem «Essen» die Rede ist, an das sich der Becherritus anschliesst. Für die reichen Gemeindeglieder ist das schon gleichsam das Dessert. Und für die ärmeren Gemeindemitglieder ist es das auch, nur fehlt ihnen der Hauptgang. Was sie bekommen, ist zwar unter Umständen delikat, aber es ist sozusagen nur noch das süsse oder herzhafte i-Tüpfelchen zu einer üppigen Mahlzeit, die sie freilich verpasst haben. Vom Brotritus sind sie dadurch nicht ausgeschlossen, und auch den Weinritus bekommen sie mit. Denn der wird aller Wahrscheinlichkeit nach am Übergang von der eigentlichen Mahlzeit hin zum symposiastischen Teil erfolgt sein, fand doch hier auch traditionell ein Weinritual im Rahmen der griechischen Mahlkultur statt. Für die reichen Gemeindemitglieder reiht sich dieser Schluck Wein aus dem einen Becher freilich in eine ganze Serie von Weinbechern ein, die schon während des Essens getrunken wurden, während es für die hungrigen Armen der erste Schluck Wein am Abend ist. Und so sind die einen satt und betrunken, die anderen hingegen bleiben hungrig und sind vom Zustand rauschhafter Betrunkenheit noch viele Becher entfernt.

Für Paulus geht genau das am Sinn des Herrenmahls vorbei, das aus der jüdischen Pessachtradition stammt. Und damit kommen wir zum zweiten Faktor, der Inkulturation: Denn das Herrenmahl ist ja seiner Idee und seinem Anspruch nach Erinnerung und Vergegenwärtigung des letztes Mahles Jesu mit den Seinen vor seiner Passion. Und dieses letzte Mahl Jesu schildern uns die Evangelisten im Prinzip als eine Form des jüdischen Pessachmahles (vgl. Mt 26,17–29). Nun stehen aber beim Pessachmahl Brot- und Becherriten relativ am Anfang der Mahlfeier und sind so mit der Sättigungsmahlzeit verwoben, dass alle Mahlteilnehmer alle Elemente der Feier mitfeiern, so dass alle in etwa gleicher Weise essen und trinken und damit auch im Blick auf den Konsum eine soziale Gemeinschaft von Gleichen entsteht. Pessach ist in diesem Sinne eigentlich ein Familienfest, ein Fest der Gleichen und Freunde.

Diese Sinngehalte der Herrenmahlfeier, die Verschränkung von Sättigungsmahl und sakramentalen Riten im Rahmen der Mahlfeier der Gottesfamilie, sind zwar im Prinzip auch noch bei der Inkulturation der Mahlfeier in die griechisch-römische Welt gegeben, weil auch hier beide Elemente miteinander verschaltet sind. Nur gehen die Hauptgänge im griechisch-römischen Mahl den rituellen Handlungen voraus. Genau das wird zum Problem in Korinth. Denn die reichen Gemeindeglieder fangen bereits fröhlich an, unter sich, in sozial vertrauter Runde und unter ihresgleichen, zu schlemmen. Sie nehmen «das eigene Mahl vorweg beim Essen», so Paulus in V. 21. Wenn der Rest der Gemeinde hinzutritt, ist für diesen Rest schlechterdings nicht mehr übrig als die Kleinigkeiten der nachgelagerten Speisegänge. Das führt zur von Paulus kritisierten Situation des Nebeneinanders von hungrigen Habenichtsen und betrunkenen Hausbesitzern.

Die reichen Korintherinnen und Korinther scheint das nicht zu stören. Von der durch Brot und Wein vermittelten Gemeinschaft mit Jesus, sozusagen der vertikalen Beziehungsachse, ist schliesslich niemand ausgeschlossen. Das scheint für sie das Wichtigste zu sein. Und ansonsten ist alles wie immer: Man ist, mit wem man isst. Man pflegt Gemeinschaft beim Mahl, aber nur unter seinesgleichen. Dass das Herrenmahl, in dem der Tod Jesu, seine Lebenshingabe für alle Menschen unabhängig von ihrem sozialen Status erinnernd vergegenwärtigt und verkündigt wird, nun aber auch eine ganz konkrete Gemeinschaft und Beziehung unter Menschen begründen soll, die die Unterschiede von Geschlecht, Rang, Status und Religion gerade aushebelt, ist für sie überhaupt nicht im Blick (Paulus wird diese Vorstellung von Gemeinschaft der korinthischen Gemeinde nochmals in 1 Kor 12,13 ins Gedächtnis rufen; vgl. auch Gal 3,26–28). An dieses Sterben Jesu für *euch*, für *alle* in der Gemeinde, erinnert sie Paulus daher nachdrücklich im Rahmen der Verse 23–26:

> [23] Denn ich übernahm vom Herrn, was ich auch überlieferte euch, dass der Herr Jesus in der Nacht, in der er überliefert wurde, Brot nahm [24] und dankend brach und sprach: Dies ist mein Leib für euch; dies tut zu meiner Erinnerung! [25] Ebenso auch den Becher nach dem Essen, sagend: Dieser Becher ist der neue Bund in meinem Blut; dies tut, jedesmal wenn ihr trinkt, zu meiner Erinnerung! [26] Denn jedesmal, wenn ihr esst dieses Brot und den Becher trinkt, den Tod des Herrn verkündet ihr, bis dass er kommt.

Wer sich dieser Verkündigung von Leben und Sterben Jesu beim Feiern des Herrenmahls nicht bewusst ist, wer nicht zwischen einer normalen Dinnerparty beim Freund und dem Herrenmahl in der Gemeinde unterscheiden kann, wer nicht zwischen dem sozialen Leib der Gemeinde, in dem die Regeln Jesu gelten, und dem normalen Sozialkörper der antiken

Stadt Korinth unterscheiden kann, der lebt gefährlich, ja, er wird paradoxerweise schuldig am bereits erfolgten Tod Jesu (V. 27–29):

> ²⁷ Daher, wer immer isst das Brot oder trinkt den Becher des Herrn unwürdig, schuldig wird er sein am Leib und am Blut des Herrn. ²⁸ Prüfen aber soll sich ein Mensch, und so von dem Brot soll er essen und aus dem Becher trinken; ²⁹ denn der Essende und Trinkende, ein Gericht isst und trinkt er sich, nicht unterscheidend den Leib.

In dieser Gefahr stehen die reichen Gemeindeglieder. Sie merken nicht, dass sie durch ihr sozial liebloses Mahlverhalten den Sinn der Herrenmahlfeier verdrehen. Sie feiern das Herrenmahl Jesu, treten aber Jesu Andenken und Jesu eigenes Mahlverhalten, das gerade keine Grenzziehungen entlang klassischer Kategorien kannte, mit Füssen. Jesus isst nämlich nach Ausweis der Evangelien mit Reichen und Armen, mit Sündern, Zöllnern und Pharisäern, und er feiert sein letztes Pessachmahl mit einer bunten Truppe, zu der Fischer aus Galiläa genauso gehören wie Zöllner. Er feiert das Pessachfest mit seiner Familie, der Gottesfamilie, wie wir sie etwa aus Mk 3,31–35 kennen.

Die reichen Gemeindeglieder feiern das Herrenmahl letztlich nicht als ein solches Familien- und Freundesfest, als Fest der Gleichen. Sie erliegen der Versuchung der Macht ihres sozialen Standes und ihres Reichtums, nehmen keine Rücksicht auf die anderen, besser noch: Sie machen «andere», indem sie die sozialen Grenzen, die zwischen ihnen und den Habenichtsen bestehen, beim Herrenmahl nicht nivellieren, was im Sinne Jesu geboten wäre, sondern zementieren. Sie bleiben unter ihresgleichen und teilen nichts von ihren Gütern mit den ärmeren Gemeindegliedern. Habenichtse bleiben durch sie Habenichtse.

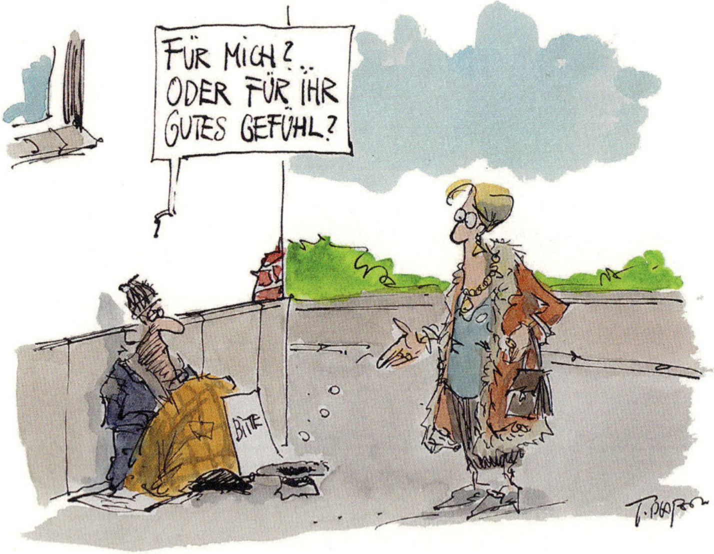
FÜR MICH?..
ODER FÜR IHR
GUTES GEFÜHL?
BITTE

Dagegen erhebt Paulus leidenschaftlich Einspruch und fährt alle Geschütze seiner Argumentationskunst auf. Gewiss nicht zufällig wählt er dabei die Form des öffentlichen Gemeindebriefs, dessen Inhalt natürlich auch die ärmeren Gemeindeglieder hören und kennen. Sie haben so alle Chancen, sich auf die paulinische Option beziehen zu können, um bei den Reichen eine konkrete Verhaltensänderung einzufordern, die Reichen zum Umdenken und zu einer veränderten Praxis zu bewegen – mit Paulus auf ihrer Seite!

Eines macht Paulus dabei im Übrigen nicht: Er spricht in seiner ganzen Kritik nicht eine Einzelfigur an, sondern adressiert immer die ganze Gemeinde und speziell die Gruppe der Reichen in der Gemeinde. Das heisst aber auch, dass es nicht eine Art Gemeindeleiter gibt, der für die Ordnung beim Mahl zuständig wäre und der die notwendige innergemeindliche Autorität hätte, um die korinthische Gemeinde zur Räson zu rufen. Offensichtlich gibt es einen solch mächtigen Gemeindeleiter in Korinth nicht, jedenfalls nicht in Sachen Herrenmahl. Und auch Paulus selbst aus der Ferne muss für seine Option argumentieren und kann nicht einfach dekretieren, wie Herrenmahl zu feiern ist.

Der praktische Rat, den Paulus zum Schluss den reichen Gemeindegliedern gibt, ist zweiteilig: «Wartet aufeinander!», lautet der erste Rat in V. 33. Und damit ist das Entscheidende gesagt: Fangt einfach später an, und teilt dann die Speisen untereinander, so dass keiner zu viel und niemand zu wenig hat. Der zweite Rat des Paulus ist gegenüber diesem ersten indes ein echtes Zugeständnis an die reichen Gemeindeglieder: Wer Hunger hat, soll vor der Herrenmahlfeier in seinem Haus essen (V. 34). Damit ist zwar einem potenziellen Einwand der reichen Korinther gegen die paulinische Forderung, aufeinander zu warten, der Wind aus den Segeln genommen, aber zugleich eine Option eröffnet, die sich im Laufe der Kirchengeschichte dann auf ganzer Linie durchgesetzt hat: die Trennung von Sättigungsmahl und sakramentalen Elementen innerhalb des Mahles. Und auch deshalb merkt man unseren Abendmahl- und Eucharistiefeiern nicht mehr an, dass sie einst auch zum Sattwerden gedacht waren und Mahlgemeinschaft untereinander nicht nur durch das Brechen des einen Brotes, sondern auch durch das gemeinsame Essen bewirkt wurde. Ob Paulus diesen Rat seiner Gemeinde auch gegeben hätte, wenn er um die langfristigen Folgen gewusst hätte …

Systemrelevant?
Ein Geist und viele Charismen
und der Streit um Prestige,
Rang und Amt in Korinth (1 Kor 12)

Nach dem konfliktreichen Abschnitt über das Herrenmahl und die Versuchung der Macht der reichen Gemeindemitglieder, die den Leib der Gemeinde noch nicht richtig von anderen Sozialleibern unterscheiden können und nicht begriffen haben, dass in diesem Leib Christi ein anderes Verhalten von ihnen erwartet wird, sieht Paulus offenkundig die Notwendigkeit, nochmals ausführlicher über den Gemeindeleib zu handeln und das Miteinander und Zueinander der vielen Gemeindeglieder zu klären. Denn losgelöst von Konflikten um Götzenopferfleisch und Herrenmahl scheint es in der korinthischen Gemeinde einen regelrechten Wettbewerb unter manchen Gemeindegliedern zu geben, sich selbst und ihre jeweiligen Fähigkeiten und Aufgaben als für die Gemeinde besonders bedeutsam, eben systemrelevant zu deklarieren und daraus Prestige, Ansehen, Einfluss und Macht abzuleiten.

*
* *

Als Leserin und Leser dieses Buches kennen Sie das vermutlich auch aus Ihrem Umfeld, in dem Sie leben: In Vereinen, auf der Arbeit, in der Kirchgemeinde und an vielen anderen Orten gibt es solche, die meinen, dass es ohne sie einfach nicht richtig läuft. Sie sind die Säulen, die das Ganze tragen, die Stützen der Gemeinschaft, die in Vorständen mitarbeiten und, wenn es drauf ankommt, auch bereit sind, im Hinterzimmer der Macht Entscheidungen zu fällen. Sie sind systemrelevant. Und es gibt die anderen, die sich zumeist still und heimlich fragen, wozu sie überhaupt dabei sind, ob es sie braucht, ob sie wichtig für das Ganze sind.

In der korinthischen Gemeinde gibt es auch diese beiden Typen. Und sie beide hat Paulus in 1 Kor 12 im Blick. Die einen drohen dabei der Versuchung der Ohnmacht zu erliegen, weil sie sich als unbedeutend wahrnehmen, die anderen drohen an der Versuchung der Macht zu scheitern, weil sie meinen, dass ihr Rang und Amt, ihre Kompetenz mehr Prestige mit sich bringt und sie einfach wichtiger sind als die anderen. Beide Haltungen versucht Paulus nun zu korrigieren. Mit einer neuen Betreffzeile, «Über die Geistesgaben (*pneumatikōn*)» (1 Kor 12,1), beginnt Paulus dabei nach dem Streit um das Herrenmahl sein neues Kapitel und erinnert die Korintherinnen und Korinther zunächst an ihre vorchristliche Existenz, an ihre ursprüngliche Bindung an die stummen Götzenbilder. Unmittelbar darauf macht Paulus eine auf den ersten Blick gänzlich harmlose Aussage, in der Paulus eine Wirkung des Geistes Gottes beschreibt, um dessen Gaben es nach V. 1 im Folgenden ja generell gehen wird (1 Kor 12,3):

> Keiner, der aus dem Geist Gottes redet, sagt: Verflucht (sei) Jesus! Und keiner kann sagen: Jesus ist der Herr!, wenn er nicht aus dem Heiligen Geist redet.

Die Logik ist einfach: Wer Geistträger ist, kann Jesus nicht verfluchen. Und wer es doch tut, zeigt dadurch, dass er nicht vom Geist Gottes erfüllt ist. Und: Wer Jesus als Herrn bekennt – ein relativ unspezifisches und in seinem Aussagegehalt einfaches Christusbekenntnis, das in Jesus eine mächtige, vielleicht sogar schon göttliche Figur sieht, – erweist sich durch dieses Bekenntnis bereits als Geistträger. Wie wichtig gerade dieser letzte Gedanke ist, wird im Fortgang sichtbar werden, denn Paulus hängt damit die Messlatte für den Nachweis, dass jemand vom Geist Gottes bereits gänzlich erfüllt ist, sehr niedrig. Ein einfaches Christusbekenntnis genügt, um sich als Geistträger zu erweisen.

Genau darauf kommt es an. Denn im Fortgang von 1 Kor 12 wird deutlich, dass sich offensichtlich manche Gemeindeglieder als besonders geistbegabt erachten und bei anderen weniger Geisterfüllung wittern. Das Kriterium, um die unterschiedlichen Grade der Erfüllung mit dem Geist Gottes festzustellen und zu beurteilen, sind die individuellen Fähigkeiten, die jemand hat. Der eine ist besonders klug und weise, der andere hat überragende Erkenntnisse – ein Begriff, den wir aus 1 Kor 8 bereits gut kennen, erinnert er doch an die neunmalklugen Erkenntnisstarken, die keine Rücksicht auf die Erkenntnisschwachen nehmen –, wieder ein anderer kann prophetisch reden, und ein anderer hat fast schon wundersame Heilkräfte. Und wieder andere scheinen nichts von alldem als Charisma, als Fähigkeit, zu haben. Dahinter müssen doch gleichsam unterschiedliche Portionen von Geistbegabung stecken – von ganz viel bis ganz wenig oder nichts –, die die einen wichtiger für die Gemeinde machen, als es andere sind. Und wer wichtiger ist, der hat natürlich auch mehr Einfluss und Macht. Systemrelevanz erlaubt Vorzugsbehandlung. Die eigenen Charismen, das Erleben der eigenen Fähigkeiten, sind es also, die zur Versuchung der Macht zu werden drohen. Man kann sich an eigene Erfahrungen mit anderen erinnert fühlen: «Ich bin wichtiger als du, denn ich kann mehr als du ...»

Paulus widerspricht dieser Logik. Dabei stellt er überhaupt nicht in Abrede, dass Menschen unterschiedliche Begabungen und Fähigkeiten haben. Aber er ruft der ganzen Gemeinde in Erinnerung, dass man diese Fähigkeiten sich nicht verdient hat, sondern dass sie Geschenke Gottes sind, die ihren Ursprung unterschiedslos in dem einen und selben Geist haben, der sich prinzipiell allen Gemeindegliedern geschenkt hat, wenn auch in Form unterschiedlicher Charismen. Das machen die V. 4–11 sehr deutlich:

⁴ Unterschiede aber (der) Gnadengaben/Charismen gibt es,
    aber derselbe Geist;
⁵ und Unterschiede (der) Dienste gibt es,
    doch derselbe Herr;
⁶ und Unterschiede (der) Wirkungen gibt es,
    aber derselbe Gott, der Wirkende alles in allen.
⁷ Jedem aber wird gegeben die Offenbarung des Geistes zum Nutzen.
⁸ Denn dem einen wird durch den Geist gegeben Rede (der) Weisheit,
einem anderen aber Rede (der) Erkenntnis nach demselben Geist,
⁹ einem weiteren Glaube in demselben Geist,
einem anderen aber Gnadengaben (der) Heilungen in dem einen Geist,
¹⁰ einem anderen Wirkmöglichkeiten zu Kraft(taten),
einem anderen [aber] Prophetengabe,
einem anderen [aber] Unterscheidungen (der) Geister,
einem weiteren Arten von Zungen(rede),
einem anderen aber Auslegung von Zungen(rede);
¹¹ alles dieses aber wirkt der eine und derselbe Geist, zuteilend eigens einem jeden, gleichwie er will.

Menschen haben, so Paulus, unterschiedliche Charismen, Gnaden-Gaben, geschenkt bekommen, von der Weisheit über den Glauben bis hin zur spektakulär wirkenden Zungenrede (dazu mehr im nächsten Beitrag). Aber die Wurzel all dessen ist Gott, der durch den einen und denselben Geist agiert. Der Geist teilt sich mit und zwar nach eigenem Ermessen, wie es V. 11 abschliessend festhält. Das hat nichts mit Verdiensten zu tun, aus denen man innergemeindliches Prestige ableiten könnte, im Gegenteil: Ziel und Zweck dieser unterschiedlichen Geistbegabungen, den verschiedenen Erscheinungsweisen des Geistes Gottes, ist das Zusammenwirken zum gegenseitigen Nutzen. Dieser Gedanke verbirgt sich in V. 7, der in der Mitte der beiden stilistisch gut voneinander zu trennenden Blöcke steht, die die V. 4–6 und 8–11 bilden. An seinem Ende steht das griechische Wort *sympheron*: Es meint das gemeinsame Zusammentragen von etwas zum gegenseitigen Nutzen. Die verschiedenen Geistesgaben und Dienste sind aufeinander hingeordnet und sollen dem Ganzen, dem Körper des Gemeindeleibes, der aus vielen Gliedern besteht, nutzen – und gerade nicht dem Einzelnen, der sich als besonders geistbegabt erachtet.

Das Bild vom Leib und seinen vielen Gliedern, die gemeinsam diesen Leib bilden, bestimmt dann fast den ganzen Rest von 1 Kor 12. In den V. 12–27 buchstabiert Paulus detailliert aus, dass die korinthische Gemeinde gesamthaft einen Gemeindeleib bildet, der zwar aus vielen unterschiedlichen Gliedern mit ihren unterschiedlichen Charismen besteht, aber nur als Ganzer wirklich Gemeindeleib ist. Und alle Glieder dieses Leibes sind vom Geist Gottes erfüllt, ja geradezu randvoll getränkt, egal woher sie kommen, welche religiöse oder soziale Vergangenheit sie haben (1 Kor 12,13),

> denn auch in einem Geist wurden wir alle in einen Leib getauft, seien es Juden, seien es Griechen, seien es Sklaven, seien es Freie, und alle wurden wir mit einem Geist getränkt.

Jeder, der zum Gemeindeleib gehört, und das ist jeder, der Jesus als Herrn bekennt, ist vom Geist Gottes erfüllt, ist in gleicher Weise für den Gesamtleib der Gemeinde wichtig. Ob Sklave oder Herr: Im Gemeindeleib sind sie gleichwertig und gleich wichtig. Ganz plastisch führt Paulus diesen Gedanken unter Rückgriff auf den menschlichen Leib und seine Glieder weiter. Tatsächlich werden die Glieder des menschlichen Körpers in der antiken Alltagskultur ganz unterschiedlich gewichtet. Vereinfacht gesagt: Knapp unter der Gürtellinie sitzen die wenig ehrenwerten Glieder; nützlich, aber nicht eben bedeutsam sind die Füsse. Der Kopf und seine Sinnesorgane sind demgegenüber die besonders gewichtigen Glieder. Für Paulus ist das im Letzten ein Scheingegensatz. Jedes Glied ist bedeutsam, weil der Leib jedes Glied benötigt, um zu funktionieren (1 Kor 12,15–25):

> [15] Wenn spräche der Fuss: Weil nicht Hand ich bin, nicht bin ich vom Leib, ist er nicht deswegen (doch) vom Leib? [16] Und wenn spräche das Ohr: Weil nicht Auge ich bin, nicht bin ich vom Leib, ist es nicht deswegen (doch) vom Leib? [17] Wenn der ganze Leib Auge, wo das Gehör? Wenn ganz Gehör, wo der Geruch? [18] Jetzt aber setzte Gott die Glieder, ein jedes von ihnen im Leib, gleichwie er wollte. [19] Wenn aber alles wäre ein Glied, wo der Leib? [20] Jetzt aber zwar viele Glieder, aber ein Leib.
> [21] Nicht kann aber das Auge sprechen zur Hand: Ich habe dich nicht nötig, oder wieder der Kopf zu den Füssen: Ich habe euch nicht nötig; [22] doch um vieles mehr sind die schwächer zu sein scheinenden Glieder des Leibes notwendig, [23] und welche uns weniger ehrbar zu sein scheinen am Leib, diesen erteilen wir besondere Ehre, und die unanständigen an uns haben besondere Anständigkeit, [24] die anständigen aber an uns haben (sie) nicht nötig. Doch Gott fügte zusammen den Leib, dem Mangelhaften besondere Ehre gebend, [25] damit nicht Spaltung sei im Leib, sondern die Glieder um dasselbe für einander sorgen.

Die scheinbar starken und ehrenwerten Glieder können ohne die scheinbar schwachen und wenig geehrten nicht funktionieren. Jede und jeder ist wichtig. Jede und jeder ist Geist-

DER HERR PFARRER HAT DIE FÜRBITTEN FORMULIERT.
„BEWAHRE HERR, ANGESICHTS DER VIELFALT UND KOMPETENZ DER EHRENAMTLICHEN, UNSERE STELLUNG ALS HAUPTAMTLICHE." ... – ABER DAS WILL ER DOCH NICHT VORLESEN!!!

träger. Alle gemeinsam sorgen füreinander. Daran erinnert Paulus die ganze Gemeinde, diejenigen, die sich für allzu wichtig nehmen, und diejenigen, die ihre eigene Bedeutung gänzlich unter den Scheffel stellen und lieber gar nicht mehr dazugehören wollen, weil sie sich nicht als wichtig für die Gemeinde erachten. Beide Haltungen führen in der Sicht des Paulus zur Spaltung der Gemeinde, eine Art paulinische Horrorvorstellung. Der Gemeindekörper braucht jedes Glied. Denn als vollständiger Gemeindeleib verweist er über sich hinaus, ja ist sogar mehr als die Summe seiner Teile: Er ist Leib Christi (1 Kor 12,27). In ihm ist Christus selbst präsent, wie er es auch im Herrenmahl der Korinther wäre, würden diese die Mahlfeier nicht so massiv korrumpieren. Wer der Versuchung der Macht oder auch der Versuchung der Ohnmacht erliegt, wer seine Geistbegabung nicht zum Nutzen des anderen und der Gemeinde, sondern zum eigenen Vorteil oder eben gar nicht einsetzt, der spaltet die Gemeinde und spaltet damit letztlich sogar den Leib Christi. Was könnte schlimmer sein!

Mit einer konkreten Liste von Charismen und Diensten hat Paulus in 1 Kor 12,4–11 begonnen, und mit einer weiteren konkreten Liste schliesst er in den V. 28–31 sein Kapitel ab:

[28] Und die einen setzte Gott in der Gemeinde erstens zu Aposteln, zweitens zu Propheten, drittens zu Lehrern, dann (Wunder)kräfte, dann Gnadengaben zu Heilungen, Hilfeleistungen, Steuermannskünste, Arten von Zungen(rede). [29] (Sind) etwa alle Apostel? Etwa alle Propheten? Etwa alle Lehrer? (Haben) etwa alle (Wunder)kräfte? [30] Haben etwa alle Gnadengaben zu Heilungen? Reden etwa alle in Zungen? Legen etwa alle aus? [31] Erstrebt aber die grösseren Gnadengaben!

Ja, es gibt sie, die Apostel, Propheten und Lehrer in der korinthischen Gemeinde, die Wundertäter, Heiler, die Hilfesteller, diejenigen, die das Steuerrad der Gemeinde in Händen halten, und die Zungenredner – und nimmt man die Liste der V. 4–11 hinzu, dann gibt es noch weit mehr an Funktionen, Diensten und Charismen in Korinth. Es gibt eine bunte Mischung in der Gemeinde. Niemand kann alles und keiner kann nichts. Jede und jeder ist Geistträger, und alle haben von Gott ihre jeweiligen Fähigkeiten erhalten, um ihre jeweiligen Funktionen zum Nutzen der Gemeinde auszuüben. Wer indes im Rahmen dieser Funktion auf den eigenen Nutzen, den eigenen Machtgewinn und die eigene prestigeträchtige Position abzielt, der hat nicht verstanden, um was es geht, und erliegt der Versuchung der Macht seiner Charismen.

Das gilt auch dann noch, wenn die paulinische Aufzählung mit der Auflistung von erstens, zweitens und drittens in V. 29 eine Art Hierarchie vor Augen zu stellen scheint und am Ende sogar der Rat steht, nach den grösseren, also doch wohl bedeutsameren Gnadengaben zu streben. Das aber ist nicht das letzte Wort dieses Kapitels. Es folgt noch ein kleiner Satz in V. 31b:

Und einen Weg noch über dieses hinaus zeige ich euch:

Dieser überragende Weg ist die Liebe. Denn es folgt mit 1 Kor 13 jener berühmte Text des paulinischen Hoheliedes der Liebe, jener Liebe, die wir schon aus 1 Kor 8,1 kennen, die andere und die Gemeinde von Korinth insgesamt aufbaut und sich nicht selbst aufbläht, die zunächst das Wohl des anderen und nicht das Eigenwohl im Blick hat. Diese Liebe, die über jede noch so spektakuläre Geistbegabung hinausgeht, ist die Haltung, in der die Charismen zu Leitung, Heilung, Prophetie, Zungenrede und allem anderen ausgeübt werden sollen, wenn sie im Sinne des Paulus zum gegenseitigen Nutzen der konkreten Gemeinde sein sollen. Ohne diese Liebe drohen die von Gott geschenkten Charismen zur Versuchung der Macht zu verkommen. Dieser Prophetie,

Glossolalie und jede kleingeistige Erkenntnis überragenden Liebe widmet Paulus einen geradezu poetischen griechischen Text (eigene Übersetzung):

1 Wenn ich in den Sprachen der Menschen und mit Engelszungen rede – Liebe aber nicht habe, dann bin ich ein dröhnendes Becken aus Erz oder eine kreischende Zimbel geworden. *2* Und wenn ich die Fähigkeit zur Prophetie habe und alle Geheimnisse weiss und jede Erkenntnis habe und wenn ich volle Glaubenskraft habe, so dass ich Berge versetze – Liebe aber nicht habe, nichts bin ich. *3* Und wenn ich meinen ganzen Besitz verteile und wenn ich sogar bereit bin, meinen Leib als Märtyrer hinzugeben, um Ruhm und Ehre zu erlangen – Liebe aber nicht habe, nützt es mir nichts. *4* Die Liebe ist geduldig. Freundlich ist die Liebe. Sie ist nicht gierig, sie prahlt nicht, sie bläht sich nicht auf. *5* Sie handelt nicht ungehörig. Sie sucht nicht den eigenen Vorteil. Sie lässt sich nicht provozieren. Sie rechnet das Schlechte nicht auf. *6* Sie freut sich nicht über das Unrecht. Sie freut sich aber mit an der Wahrheit. *7* Alles schützt sie. Jedem vertraut sie. Alles hofft sie. Alles erträgt sie. *8* Die Liebe hat niemals ein Ende. Die Fähigkeit zur Prophetie wird ein Ende haben. Das Reden in Zungen wird verstummen. Erkenntnis wird vergehen. *9* Denn bruchstückhaft erkennen wir, und bruchstückhaft prophezeien wir. *10* Wenn aber das Vollkommene kommt, wird das Bruchstückhafte vergehen. *11* Als ich ein uneinsichtiges Kind war, redete ich wie ein solches Kind, dachte wie ein solches Kind, urteilte wie ein solches Kind. Nachdem ich ein Erwachsener wurde, legte ich das Kindliche ab. *12* Jetzt sehen wir nämlich mittels eines Spiegels nur rätselhafte Umrisse, dann von Angesicht zu Angesicht. Jetzt erkenne ich bruchstückhaft, dann aber werde ich durch und durch erkennen wie auch ich durch und durch erkannt worden bin. *13* Nun aber bleiben: Glaube, Hoffnung, Liebe. Diese drei! Das Grösste von diesen aber ist Liebe.

Die Sprache der Engel?
Die spalterische Kraft ekstatischer
Phänomene und ihre paulinische
Zähmung (1 Kor 14)

Das Stichwort «Zungenrede» oder Glossolalie fiel im Kontext von 1 Kor 12 und auch von 1 Kor 13 mehrfach. Dabei handelt es sich um eine geistgewirkte Sprachfähigkeit, die manche Mitglieder der korinthischen Gemeinde offensichtlich besitzen und im Gemeindealltag leben. Ebenso offenkundig tun das aber nicht alle (vgl. 1 Kor 12,30). In 1 Kor 14 widmet Paulus nun diesem Phänomen einen eigenen Abschnitt – und der hat es in sich, denn die Glossolalie kann zur echten Versuchung werden.

* *
*

Im Sommer 2019 war ich mit einer Gruppe Studierender in Israel und Palästina unterwegs. Unser Weg führte uns auch nach Abu Gosh und in das dortige Kloster der Benediktinerinnen und Benediktiner – eines der wenigen katholischen Doppelklöster für Männer und Frauen, die es auf dieser Welt gibt. Am Ende eines langen Tages beteten wir gemeinsam mit der Gemeinschaft die Vesper, ein mir an sich durchaus vertrautes Ritual. Während der Feier erlebte ich aber einen für mich irritierenden Moment. Die Orgel verstummte, aber an das Psalmgebet schloss sich keine Stille oder ein weiteres Gebet oder ein Lied an, sondern es entstand eine Art Klangteppich aus unterschiedlichen Silben, den manche, scheinbar aber nicht alle Schwestern und Brüder dieses Klosters in einer Mischung aus Gesang und Wort produzierten. Schön war es zum Zuhören, denn die Akustik der Kirche vertrug dieses Klangerlebnis bestens. Aber zu verstehen war nichts. Auch eine hastige Suche im bereitgelegten Gebetsheft half nicht weiter, zumal nach einer knappen Minute schon alles wieder vorbei war und ich mich im vertrauten Ritus wiederfand. Nach der Vesper erklärte uns eine Schwester sinngemäss: «Das war Glossolalie. Wir haben in Zungen geredet – freilich benediktinisch geordnet und auf einen kurzen Moment in der Vesper reduziert.»

In der paulinischen Gemeinde von Korinth lebt man auch Glossolalie, aber augenscheinlich sehr viel ungeordneter, provokanter und kaum rituell gezähmt. Der Begriff Glossolalie stammt aus dem Griechischen und bedeutet «Zungenrede». Das Phänomen findet sich auch ausserhalb der Jesusbewegung und ist etwa im antiken Orakelwesen bekannt, wie das Beispiel der Seherin Pythia am Orakel von Delphi zeigt. Es meint eine besondere Form der mündlichen Rede, die nicht den Regeln der gesprochenen Sprache entspricht, in Korinth ist das vornehmlich Griechisch. Vielmehr folgt die Zungenrede ihren eigenen Gesetzmässigkeiten. Glossolale Sprache besteht, nach allem was wir wissen, aus der Aneinanderreihung und Wiederholung von Silben, die je für sich oder auch zusammengenommen keine Wortbedeutung ergeben. Zungenrede bleibt insofern für menschliche Ohren unverständlich und wirkt geheimnisvoll, ja ekstatisch und wie entrückt. Das freilich ist für die glossolale Sprache kein Problem. Denn sie zielt ihrem Wesen nach nicht auf Verständlichkeit ab – jedenfalls nicht auf zwischenmenschliche. Denn die Korintherinnen und Korinther, die in Zungen reden, sprechen ihrem Selbstverständnis nach eine himmlische Sprache (2 Kor 12,4). Sie sprechen die Sprache der Engel (1 Kor 13,1). Und diese verstehen das glossolal Gesprochene, was umso bedeutsamer ist, als nach 1 Kor 14 die Glossolalie im Gottesdienst und speziell im Gebet ihren Sitz im Leben hat. Und was wäre dabei praktischer, als die Sprache des Himmels und der Engel im Gebet zu sprechen, sozusagen Gott in seiner Muttersprache (falls Gott eine «*Mutter*-Sprache» haben kann) anzureden. Die Fähigkeit zur Glossolalie verdankt sich, auch das wird in 1 Kor 14 deutlich, einer speziellen Geistbegabung, ist also paulinisch betrachtet ein Charisma. Der Geist Gottes schenkt Menschen die Fähigkeit, glossolal zu sprechen. Alles gut also, sollte man meinen, denn dann ist doch Glossolalie ein Gottesgeschenk, das man annehmen und leben kann.

Für Paulus indes ist die Glossolalie, wie sie in Korinth gelebt wird, ein zwiespältiges Charisma. Keine Frage: Sie verdankt sich dem Wirken des Geistes Gottes, und in diesem Sinne hatte Paulus auch die Zungenrede in 1 Kor 12,10 unter den Charismen genannt. Und nach Ausweis seines Selbstzeugnisses in 1 Kor 14,18 vermag Paulus selbst sogar mehr als alle anderen in Zungen zu reden. Und doch meldet er Vorbehalte gegen die glossolale Praxis in Korinth an, die sich vornehmlich im gemeinschaftlichen Gottesdienst der Gemeinde ausdrückt. Denn dieses ekstatische Phänomen hat einen elitären Zug, der zur Ausgrenzung tendiert und nicht dem Gemeindeaufbau dient. Den Aufbau der Gesamtgemeinde aber kennen wir bereits aus 1 Kor 8 als wichtiges Kriterium. Denn wie die theologisch korrekte Erkenntnis der Neunmalklugen von 1 Kor 8 allenfalls ihrer eigenen Erbauung dient und sie sogar aufbläht, die Schwachen in der Gemeinde aber nicht aufbaut, sondern im Gegenteil klein macht, so auch die Zungenrede. Sie bleibt im Blick auf die Gemeinde und ihren Aufbau unfruchtbar, weil sie an dieser Gemeinde überhaupt kein Interesse hat, sondern sich allein auf Gott hin fokussiert. Und darauf hebt die paulinische Kritik in 1 Kor 14 ab. Paulus schreibt in den V. 2–9:

² Denn der Zungenredende, nicht zu Menschen redet er, sondern zu Gott; denn keiner hört, im Geiste aber redet er Geheimnisse; *³* der Prophezeiende aber redet (den) Menschen Erbauung und Ermutigung und Tröstung. *⁴* Der Zungenredende erbaut sich selbst; der Prophezeiende aber erbaut Gemeinde. *⁵* Ich will aber, dass ihr alle redet mit Zungen, mehr aber, dass ihr prophezeit; grösser aber (ist) der Prophezeiende als der mit Zungen Redende, ausser wenn er auslegt, damit die Gemeinde Erbauung empfängt. *⁶* Jetzt aber, Brüder, wenn ich komme zu euch mit Zungen redend, was werde ich euch nützen, wenn ich nicht zu euch rede entweder in Offenbarung oder in Erkenntnis oder in Prophetie oder [in] Lehre? *⁷* Gleichfalls das Unbelebte, das einen Laut gibt, sei es Flöte, sei es Kithara, wenn es eine Unterscheidung für die Töne nicht gäbe, wie wird erkannt werden das auf der Flöte oder das auf der Kithara Gespielte? *⁸* Denn auch wenn eine Trompete einen undeutlichen Laut gibt, wer wird sich rüsten zum Krieg? *⁹* So auch ihr, wenn ihr nicht durch die Zunge verständliche Rede gebt, wie wird erkannt werden das Geredete? Denn ihr werdet in (die) Luft Redende sein.

Paulus kritisiert in diesem Abschnitt von 1 Kor 14 nicht die Glossolalie an sich. Er zeigt aber auf, dass sie als geheimnisvolles, an Gott gerichtetes Gebet im öffentlichen Gemeindegottesdienst vollkommen unfruchtbar und nutzlos ist. Sie gleicht unverständlich gespielten Instrumenten. Wenn man die Melodie von Flöte oder Kithara, ein Saiteninstrument der griechischen Antike, nicht erkennen oder das Trompetensignal nicht identifizieren kann, dann läuft die ventilierte Luft gleichsam ins Leere. Niemand tanzt, singt mit oder rüstet sich zum Krieg. Es entsteht keine Gemeinschaft, die sich um und durch die Instrumente versammelt. Man bleibt sich fremd (vgl. 1 Kor 14,11). Das gilt auch für die Glossolalie. Im Gottesdienst der Gemeinde gesprochen, nützt sie den Schwestern und Brüdern – Paulus formuliert etwa in V. 6 seiner Zeit entsprechend männlich inklusiv – in der Gemeinde nichts, weil sie von ihrem Wesen her unverständlich ist. Glossolale, also diejenigen, die in Zungen reden, meinen dabei zwar zu Gott zu beten, aber de facto reden sie nur in die Luft, wie Paulus mit geradezu böser Ironie in V. 9 notiert.

Die Gemeinde wird durch dieses Gebet nicht auferbaut (V. 3), wohl aber, so V. 4, der Zungenredner selbst. Und damit ist ein zweiter Problemkreis berührt: Denn offenkundig scheinen die Glossolalen in der korinthischen Gemeinde sehr bewusst den Gemeindegottesdienst als Bühne für ihre spezielle Fähigkeit zu nutzen, die – wie die unterschiedlich zugeteilten Charismen aus 1 Kor 12 ja grundsätzlich zeigen – nicht allen Gemeindemitgliedern in gleicher Weise zukommt (vgl. 1 Kor 12,30). Glossolale scheinen sich als Supercharismatiker zu begreifen und sehen in der Fähigkeit zur Glossolalie eine andere Formen der Geistbegabung überragende Fähigkeit. In diesem Sinne kann Paulus in 1 Kor 14,12 die Zungenredner als «Eiferer um die Geister» ansprechen. Genau darin wird wieder eine Versuchung der Macht sichtbar, die sehr eng mit den in 1 Kor 12 behandelten Problemen verwandt ist. Für Paulus ist sie aber offenkundig so brennend wichtig, dass er diesem Thema nochmals einen eigenen Abschnitt innerhalb seines Briefes widmet. Die Glossolalen scheinen sich dank ihres Charismas über die anderen Gemeindeglieder zu erheben, verlieren sie letztlich ganz aus dem Blick, fokussieren sich allein auf Gott und scheinen sich selbst wichtiger zu nehmen als den Rest der Gemeinde. Sie reklamieren für sich ein besonderes Näheverhältnis zu Gott, das sich aus der von ihnen gesprochenen Engelssprache ergibt. Das ist aus der Sicht des Paulus nicht nur für die Gemeinde von Nachteil, weil das ekstatische Phänomen spalterische Kraft beim Gottesdienst entwickeln kann, insofern sich innerhalb der Gesamtgemeinde eine Teilgruppe mit

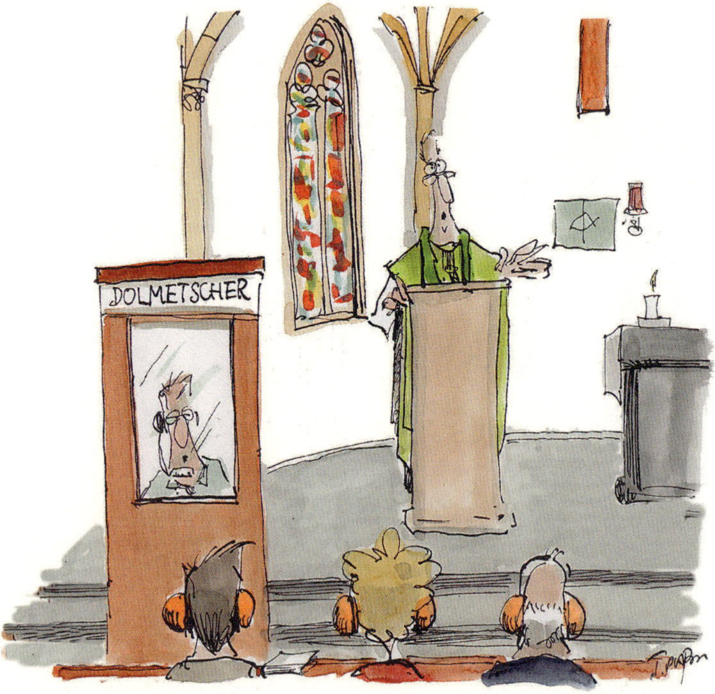
DOLMETSCHER

besonderen Sprachfähigkeiten bildet. Es ist auch nach aussen, in die Stadtöffentlichkeit Korinths hinein und damit auch in potenziell missionarischen Kontexten, alles andere als förderlich. Dazu entwirft Paulus in 1 Kor 14,23–25 ein fiktives Szenario. Das funktioniert wie eine «Stell-dir-vor»-Geschichte: «Stell dir vor, dass die ganze Gemeinde glossolal sprechen würde. Und dann kommt in die Gemeinde einer hinein, der in die Gemeinde und ihre Praxis, eben auch in die Glossolalie, nicht eingeweiht ist oder gar ein Ungläubiger ist. Dieser würde euch alle ganz sicher für verrückt halten.» Der Testfall hebt auf die Wirkung einer glossolalen Gemeinde auf andere ab, die nicht glossolal sprechen können oder überhaupt nicht zur Gemeinde gehören. Sie erleben die Gemeinde als Versammlung von Irren, die in Raserei verfallen sind. Das Bild, das die Gemeinde als glossolale Versammlung abgeben würde, ist wenig schmeichelhaft und lädt in keinem Fall dazu ein, bei dieser Gruppe mitzumachen.

Glossolalie an Pfingsten? Die Entschärfung des Lukas

1 Kor 14 ist nicht der einzige Text im Neuen Testament, der von Glossolalie im Urchristentum handelt und dabei einige Kraft aufwendet, die Glossolalie zu zähmen. Auch die Pfingstgeschichte von Apg 2,1–13 kreist um dieses Thema. Denn nachdem der Geist Gottes höchst passend in Zungenform auf die Jüngergruppe in Jerusalem herabgekommen ist (V. 3), beginnen die vom Geist Gottes Erfüllten in anderen Zungen (V. 4) zu sprechen. Gemeint ist damit aller Wahrscheinlichkeit nach die Glossolalie. Und höchst passend notiert Lukas, dass einige der Zuhörer die glossolalen Äusserungen der Jünger Jesu für das unverständliche Gelalle von Betrunkenen halten: «Randvoll von Most sind sie» (V. 13). Auch das ist eine der Gefahren, die die Glossolalie mit sich bringen kann. Sie erweckt den zweifelhaften Eindruck einer Gruppe von Betrunkenen oder – wie in 1 Kor 14,23 notiert – von

> Irren zu begegnen. Lukas entschärft diesen Gedanken freilich umgehend, indem er die Glossolalie zum Fremdsprachenwunder, zur Xenolalie, umdeutet. Das ist einer der Gründe für jenen berühmten Völkerkatalog, der Lektorinnen und Lektoren in Gottesdiensten zuweilen einige Mühe bereitet: Von den Parthern bis zu den Arabern (V. 9–11): Alle können die Jünger in ihrer jeweiligen Muttersprache verstehen, obwohl die Sprechenden alles Menschen aus Galiläa sind (V. 7 f.). Durch die Umdeutung zum fraglos wundersam wirkenden Fremdsprachenwunder nimmt Lukas das ekstatische Phänomen der Glossolalie erheblich zurück und lässt bereits etwas vom Programm seiner Apostelgeschichte anklingen, erzählt diese doch, wie die Jesusbewegung über Galiläa und Judäa hinausweist und in alle Welt ausstrahlt. Pfingsten macht dabei in Jerusalem den Anfang, indem Vertreter aller Welt, die nach Jerusalem gekommen sind, die Jesusbotschaft in ihren Sprachen hören können.

Gegen ein überhöhtes Verständnis von Glossolalie und die glossolale Praxis in Korinth setzt Paulus nun erneut einen inhaltlichen Kontrapunkt. An die Eiferer gerichtet, schreibt er in 1 Kor 14,12:

> […] da ihr Eiferer seid um Geister, strebt nach der Erbauung der Gemeinde, damit ihr überfliesst.

Das ist der für ihn entscheidende Punkt. Auch die Glossolalie muss dem Gemeindeaufbau dienen, danach müssen auch zur Glossolalie Fähige streben. Tun sie das nicht, dann blähen sie sich selbst auf und geht ihre Glossolalie am Wesentlichen vorbei, der Liebe, die in 1 Kor 13 besungen wurde und die verhindert, dass die Engelszungen zur kreischenden Zimbel werden (1 Kor 13,1), die bestenfalls noch in den Ohren Gottes gut klingt, aber für Menschen schlechterdings unerträglich ist. Diese Liebe drückt sich auch darin aus, dass man nicht seinen eigenen Vorteil sucht, nicht prahlt und sich mit seinen Fähigkeiten – und seien sie so spektakulär wie die Glossolalie – aufbläht.

In diesem Sinne entwirft Paulus wie bereits in 1 Kor 11,17–34 mehrteilige Alternativoptionen für den Umgang mit der Glossolalie im Gottesdienst, so dass sogar die elitär wirkende Glossolalie zum Nutzen für die Gesamtgemeinde werden kann. Er zähmt sie gleichsam. Es zeichnet Paulus dabei aus, dass er die Glossolalie nicht in Bausch und Bogen verurteilt, sondern ihr als charismatisch gewirktes Gottesgeschenk auch im Raum des Gottesdienstes einen Platz eröffnet. Und ebenso beeindruckend ist, dass Paulus nicht ein Allheilmittel für den Umgang mit Glossolalie präsentiert, sondern mehrere Optionen vorstellt:

Zunächst rät Paulus, beim Gebet den Verstand nicht auszuschalten, sondern auch beim Beten vernunftgemäss und für andere verständlich (vgl. V. 9) zu sprechen. Er selbst nimmt sich dazu als Vorbild. In 1 Kor 14,14–19 formuliert er unter Vorausverweis auf das fiktive Beispiel eines Anwesenden, der in Glossolalie und Gemeindepraxis nicht eingeweiht ist:

[14] [Denn] wenn ich bete mit Zunge, betet mein Geist, mein Verstand aber ist unfruchtbar. [15] Was ist nun? Beten werde ich mit dem Geist, beten werde ich aber auch mit dem Verstand; preisen werde ich mit dem Geist, preisen werde ich aber auch mit dem Verstand. [16] Daher, wenn du preist [im] Geist, der den Platz des Nichteingeweihten Einnehmende, wie soll er das Amen sprechen auf deine Danksagung? Da er, was du redest, nicht weiss; [17] denn du dankst zwar recht, doch der andere wird nicht erbaut. [18] Ich danke Gott, mehr als ihr alle rede ich mit Zungen; [19] doch in (der) Gemeinde will ich (lieber) fünf Worte mit meinem Verstand reden, damit auch andere ich unterrichte, als zehntausend Worte in Zunge(nrede).

Dieses Votum ist eindeutig. In der Gemeindeversammlung spricht man lieber nicht glossolal. Aber das ist kein generelles Verbot, sondern ein mahnender Ratschlag, der mit dem Nutzen für die Gemeinde argumentiert. Wer gleichwohl glossolal beten möchte, weil es seinem Charisma entspricht und gleichsam aus ihm herausfliesst, der kann das auch im korinthischen Gottesdienst tun. Er muss aber selbst nach seinem glossolalen Gebet das Gesagte in verständliche Sprache übersetzen, muss also seine eigene Rede erden, sie reflektieren und auslegen können. Paulus nennt dieses im Wortsinn exegetische Geschäft das prophetische Reden. Auch die Prophetie ist ein Charisma, und die Gemeinde, speziell die Glossolalen, sollen nach dieser Geistesgabe streben (1 Kor 14,1). Ja, sie sollen um diese Fähigkeit beten und Gott bitten (1 Kor 14,13):

Deshalb soll der Zungenredende beten, dass er (es) auslegen (könne).

Diese Fähigkeit zur prophetischen Auslegung ist nämlich, so Paulus in einer gewiss taktischen Wertung im Blick auf das überhöhte Selbstverständnis der Glossolalen, der Glossolalie überlegen und vorgeordnet (1 Kor 14,5): «Grösser ist der Prophezeiende als der mit Zungen Redende». Denn die Prophetie übersetzt die Glossolalie und baut damit die Gemeinde auf, wie 1 Kor 14,3 bereits ganz zu Beginn notiert hatte. Und das ist das entscheidende Kriterium.

Die Fähigkeiten zu Glossolalie und Prophetie können dabei durchaus in einer Person vereint sein, wie die Aufforderung zeigt, Gott um die Fähigkeit zur Auslegung zu bitten. Sie müssen es aber nicht. Und sind sie es nicht, so ist der Glossolale auf die Hilfe eines sein Zungengebet auslegenden Propheten angewiesen, wenn er im Gottesdienst in Zungen beten will. Derjenige, der sich selbst als charismatisch extrem begabt erlebt, wird so zwingend auf ein menschliches Gegenüber verwiesen, das er angesichts seiner ihm bedrohlich zu Kopf steigenden Glossolalie aus den Augen zu verlieren droht. Für die konkrete Ausübung von Glossolalie und prophetischer Übersetzung formuliert Paulus schliesslich eine liturgisch präzise Anweisung in V. 26–28:

> [26] Was ist nun, Brüder? Wenn ihr zusammenkommt, hat jeder einen Psalm, hat eine Lehre, hat eine Offenbarung, hat eine Zunge(nrede), hat eine Auslegung; alles soll zur Erbauung geschehen. [27] Sei es, dass einer mit Zunge redet, zu zweien oder höchstens dreien und der Reihe nach, und einer soll auslegen; [28] wenn aber nicht (da) ist ein Ausleger, schweigen soll er in (der) Gemeinde, zu sich aber soll er reden und zu Gott.

Ganz praktisch bedeutet das, dass das glossolale Gebet der Einzelnen nicht gleichzeitig, sondern geordnet hintereinander erfolgen soll und auf maximal drei Personen begrenzt ist. Und erlaubt ist das Gebet in der Gemeindeöffentlichkeit nur, wenn es ausgelegt wird. Wenn kein auslegender Prophet anwesend ist und der Glossolale selbst nicht auslegen kann, dann fällt auch das glossolale Gebet aus, kann freilich in den privaten Rahmen des individuellen Gebets jenseits des Gemeindegottesdienstes verlegt werden. Damit freilich verliert es mindestens seine spalterische Kraft im Gottesdienst – und für manchen der korinthischen Charismatiker möglicherweise auch seinen speziellen Reiz …

> Paulus wäre im Übrigen nicht Paulus, wenn er nicht auch die Gefahr erkannt hätte, die in seiner pointierten Bewertung der Prophetie liegt. Denn die Überordnung der Prophetie vor die Glossolalie ist ja durchaus reizvoll und könnte manchem Karrierestreben Vorschub leisten. Dem wirkt Paulus mit einigen praktischen Anweisungen entgegen, die auch die Prophetie in das Gesamt der Gemeinde einordnen und

eine machtvolle Ausgestaltung der Rolle des Propheten verhindern (vgl. 1 Kor 14,29–33).

Durch liturgische und strukturelle Anweisungen, die Vorordnung der Prophetie vor die Glossolalie, das Lob von verständigem Gebet und vor allem durch die Erinnerung an das zentrale Leitkriterium, den Aufbau der Gemeinde und ihrer so unterschiedlichen Glieder, deren Wohl Paulus stets im Blick hat und deren Rechte er gegen die Versuchungen der Macht der Neunmalklugen, Reichen, Karrieristen und Ekstatiker einfordert, zähmt Paulus die spalterische Kraft und Gefahr der ekstatischen Glossolalie. In dieser Weise gezähmt, hat sie Raum in Korinth und kann ihre verführerische Kraft zur Versuchung der Macht des eigenen Charismas kaum mehr entfalten. Sein Schlussvotum ist daher eindeutig (V. 39 f.):

[39] Daher, [meine] Brüder, eifert um das Prophezeien, und das Reden mit Zungen hindert nicht; [40] alles aber soll anständig und nach Ordnung geschehen!

An der rituell geordneten Glossolalie von Abu Gosh hätte Paulus also wohl wenig auszusetzen gehabt.

*«Der Vorschlag fand
die Zustimmung der ganzen
Menge ...» (Apg 6,5)
Widerstand gegen die Macht
einsamer Entscheidungen,
den Reiz der Ausgrenzung
und die verführerische Kraft
von Geld und Prestige*

«Er gab sich als etwas Grosses aus» (Apg 8,9): Die verführerische Anziehungskraft der Macht des Geldes und des Prestiges (Apg 3,1–26; 5,1–11; 8,5–25; 14,8–18)

Nach den harten Auseinandersetzungen des Paulus mit Teilen der korinthischen Gemeinde gelangen wir zum Abschluss unserer Miniaturen wieder in etwas ruhigeres Fahrwasser. Denn die Apostelgeschichte des Lukas erzählt zwar von Konflikten in Gemeinden und von Versuchungen der Macht. Aber die Protagonisten der Erzählung, die Apostel, erliegen – anders etwa als bei Markus – diesen Versuchungen nicht. Und auch die Adressaten des Textes, die Gemeinde des Lukas, scheint diesen Versuchungen nicht zu erliegen, wie wir dies im 1. Korintherbrief ganz anders erleben konnten. Das liegt am erzählerischen Profil und am Inhalt der Apostelgeschichte. Denn Lukas erzählt über etwas, das aus der Sicht seiner Gemeinde vergangen ist, über die Taten und das Leben der Apostel und der ersten Christinnen und Christen, die in einer Zeit leben, in der Jesus soeben in den Himmel aufgefahren ist (Apg 1,9–11) und von dort seinen Schülerkreis begleitet. Lukas verschweigt dabei zwar nicht Konflikte, Krisen und Kriminelles, gleichwohl erzählt er idealisierte Anfänge, entwirft Visionen des Anfangs, an denen sich seine Gemeinde orientieren kann. Seine Geschichtsschreibung ist also auch seiner Gegenwart verpflichtet. Lukas malt Bilder des Anfangs, die für seine Gemeinde anschlussfähig sind. Oder anders: Er erzählt die Anfänge und die Konflikte um Versuchungen der Macht in idealisierter Form, damit in seiner Zeit ähnlich gelagerte Konflikte gar nicht erst auftreten oder – falls sie doch auftreten – umgehend gelöst werden. Das ist durchaus mit dem Markusevangelium vergleichbar, denn auch Markus erzählt die Jesusgeschichte mit Blick auf die Konflikte seiner Zeit. Aber wo Markus abschreckende Beispiele des Anfangs und der scheiternden Schüler erzählerisch inszeniert, da zeigt Lukas ideale Lösungen auf. Doch auch hinter diesen werden natürlich Versuchungen der Macht sichtbar. Wo und wann Lukas dies erzählt, ist einigermassen unsicher. Denn die Verortung und Datierung dieses Werks ist genauso umstritten wie beim Lukasevangelium, also dem ersten Band des lukanischen Doppelwerks. Kleinasien, Makedonien, Achaia, Rom und manches mehr werden als mögliche Entstehungsorte genannt. Als Hauptoptionen bei der Datierung werden gegenwärtig 80–90 n. Chr. oder 100–130 n. Chr. diskutiert. Das muss uns nicht im Detail interessieren. Deutlich ist, dass wir uns mit der Apostelgeschichte wie auch mit dem Matthäusevangelium zeitlich nach dem Markusevangelium befinden.

* * *

Die Versuchungen von Prestige und Macht, die wir aus dem Markusevangelium im Blick auf die grossen Schüler Jesu gut kennen, finden sich auch in der Apostelgeschichte. Nur sind es hier nicht die berühmten Schüler wie die Zebedaiden oder Petrus, die diesen Versuchungen erliegen. Im Gegenteil: Wenn sich diese Figuren mit an sie herangetragenen Machtansprüchen und der Chance auf Prestigegewinn konfrontiert sehen, dann reagieren sie vorbildlich und lehnen derartig verführerische Angebote umgehend ab. Das gilt besonders für Petrus und den Zebedaiden Johannes, die uns beide aus dem Markusevangelium als eher machtaffine Figuren gut vertraut sind. In Apg 3 sind beide gemeinsam in Jerusalem unterwegs, gehen in den Jerusalemer Tempelbereich und kommen auf ihrem Weg an einem Gelähmten vorbei, der an einem Tor des Heiligtums bettelt. Auch Petrus und Johannes bittet er um ein Almosen. Geld indes haben sie nicht zur Hand. Aber sie schenken ihm, was sie zu schenken vermögen: Heilung und damit auch eine potenzielle Wiedereingliederung in den antiken Arbeitsmarkt (Apg 3,6–10):

> ⁶ Petrus aber sagte ihm: Silber und Gold gehört mir nicht, was
> aber ich habe, dies gebe ich dir: Im Namen (des) Jesus Christos,
> des Nazoraiers, [steh auf und] geh umher! ⁷ Und fassend ihn
> an der rechten Hand, richtete er ihn auf; auf der Stelle aber
> wurden gefestigt seine Füsse und die Knöchel, ⁸ und aufspringend
> stellte er sich hin und ging umher und ging hinein mit ihnen ins
> Heiligtum, umhergehend und springend und lobend Gott.
> ⁹ Und (es) sah das ganze Volk ihn umhergehend und Gott lobend;
> ¹⁰ sie erkannten ihn aber, dass er war der wegen des Almosens
> Dasitzende beim Schönen Tor des Heiligtums, und erfüllt wurden
> sie mit Staunen und Entsetzen über das ihm Widerfahrene.

Die Bekanntheit des lahmen Bettlers und seine spontane Genesung provozieren Nachfragen. Und so müssen sich Johannes und Petrus einer Art öffentlichem Verhör stellen, denn ein offensichtliches Wunder verlangt nach Erklärung, vor allem muss der Urheber deutlich benannt werden. Denn ein Wundertäter in Jerusalem wäre ja eine durchaus praktische Sache. Und so sehen sich Petrus und Johannes mit der Anfrage konfrontiert, ob sie über Wunderkräfte verfügen. Eine bejahende Antwort auf diese Frage wäre zwar theologisch aus Sicht der Schüler Jesu falsch, würde ihnen aber fraglos Ansehen, Einfluss, Macht und wohl auch das ein oder andere Silber- oder Goldstück einbringen. Aber es kommt anders. Denn Lukas lässt Petrus in dieser Situation sagen (Apg 3,12.16):

> ¹² Petros aber [...] antwortete zum Volk: Männer, Israeliten,
> was staunt ihr über diesen, oder was starrt ihr uns an, als ob mit
> eigener Kraft oder Frömmigkeit wir gemacht hätten, dass er
> umhergeht? ¹⁶ Und aufgrund des Glaubens an seinen [gemeint
> ist der Name Jesu] Namen hat dieser Name den Mann hier, den
> ihr seht und kennt, zu Kräften gebracht; der Glaube, der durch
> ihn kommt, hat ihm vor euer aller Augen die volle Gesundheit
> geschenkt.

Nicht eigene Macht, Frömmigkeit oder sonstige Leistung der beiden Apostel waren es also, die sich in diesem Wunder ausgewirkt haben. Aus sich heraus konnten die Apostel kein Wunder tun. Es war das Zusammenspiel des gläubigen Vertrauens des Bettlers an die Wirkmacht des Namens Jesu mit der Wunderkraft Jesu, der auch als Abwesender in die Welt hineinwirken kann, die zur Wunderheilung geführt haben. Die beiden Apostel indes waren allenfalls Mittlerfiguren, nicht selbst Wundertäter. Das mit dem Charakter eines Wundertäters verbundene Prestige lehnen sie ab. Diese Versuchung der Macht haben Petrus und Johannes also mit Bravour bestanden.

Genauso bravourös gehen auch zwei andere Hauptfiguren der Apostelgeschichte mit der Versuchung von Macht und Prestige um: Barnabas und Paulus. Sie treffen auf einer ihrer Reisen auf einen gelähmten Mann in der Stadt Lystra (Apg 14,8–18) in der Region Lykaonien (in der heutigen Türkei). Der Gelähmte ist von der Begegnung mit Paulus und Barnabas offensichtlich fasziniert, und Paulus erkennt in ihm das Potenzial gläubigen Vertrauens und spricht ihm Heilung von seiner Krankheit zu. Und tatsächlich ist der Gelähmte geheilt. Die Reaktion der Stadtbevölkerung auf dieses Wunder ist für Barnabas und Paulus mehr als schmeichelnd (Apg 14,11–13):

> [11] Und die Volksmengen, sehend, was Paulos tat, erhoben ihre Stimme, auf Lykaonisch sagend: Die Götter, Menschen gleich geworden, stiegen herab zu uns, [12] und sie riefen den Barnabas Zeus, den Paulos aber Hermes, da er war der das Wort Führende. [13] Und der Priester des Zeus, der vor der Stadt war, Stiere und Kränze zu den Toren bringend, wollte mit den Volksmengen opfern.

Barnabas und Paulus werden also von der Stadtbevölkerung wie in Menschengestalt erschienene Götter verehrt, die den

Menschen als hilfreiche Wohltäter zur Seite stehen. Dabei ist Barnabas nicht irgendein Gott, sondern in ihm, der offensichtlich in Lystra die führende Figur in diesem Zweimännergespann war, erkennen sie den obersten Gott selbst, Zeus! Für Paulus bleibt immerhin die ebenfalls prestigeträchtige Rolle des Götterboten Hermes, der die Beschlüsse des Zeus verkündet. Aber er ist in diesem Gespann eindeutig die Nummer zwei. Was für eine Chance auf Prestigegewinn, Macht und Verehrung: Barnabas und Paulus hätten es sich in Lystra gutgehen lassen können. Als Gott in Menschengestalt lebt es sich nicht schlecht. Aber es kommt anders, denn auch Barnabas und Paulus erliegen der Versuchung der Macht nicht (Apg 14,14–18):

> [14] (Es) hörend aber die Apostel Barnabas und Paulos, zerreissend ihre Gewänder, sprangen sie in die Volksmenge, schreiend [15] und sagend: Männer, was tut ihr dieses? Auch wir sind euch gleichgeartete Menschen, verkündend, dass ihr von diesem Nichtigen euch bekehrt zu (dem) lebendigen Gott, der den Himmel machte und die Erde und das Meer und alles in ihnen; [16] der in den vergangenen Geschlechtern alle Völker gehen liess auf ihren Wegen; [17] und doch liess er sich nicht unbezeugt, Gutes tuend, vom Himmel her euch Regen gebend und fruchtbringende Zeiten, sättigend mit Nahrung und Freude eure Herzen. [18] Und dieses sagend, hielten sie kaum die Volksmengen ab, ihnen zu opfern.

Mit allem Nachdruck, mit Geschrei und einer ausdrucksstarken symbolischen Geste – das Zerreissen der eigenen Gewänder drückt in diesem Fall wohl Empörung und Wut aus – versuchen Paulus und Barnabas den aus ihrer Sicht völlig falschen Eindruck zu korrigieren. Sie sind Menschen, und allein der eine und einzige Gott hat in wundersamer Weise gewirkt. Und auch wenn das kaum zu nützen scheint, so haben die beiden

HIER KOMMT DER BISCHOF

doch ihr Möglichstes getan und sind aus der Sicht des Lukas vorbildlich im Umgang mit den Versuchungen der Macht umgegangen. An Petrus, Johannes, Barnabas und Paulus können sich die Mitglieder der lukanischen Gemeinde orientieren, wenn sie der Versuchung der Macht begegnen.

Lernen kann man freilich nicht nur an guten Vorbildern, sondern auch an schlechten. Und auch die präsentiert Lukas. Denn gänzlich anders als die vier prominenten Schüler Jesu gehen einige kleinere Erzählfiguren der Apostelgeschichte, die nur in einer Episode auftauchen, mit solchen Versuchungen um. Und dabei werden derartige Versuchungen an diese Figuren nicht von aussen herangetragen, die Figuren selbst suchen Macht, Ansehen und Einfluss und vertrauen dabei auf die verführerische Kraft des Geldes, um selbst als Grosse zu erscheinen.

Da ist zum Beispiel das Ehepaar Hananias und Saphira aus Apg 5,1–11. Sie sind reich und wollen sich am Ideal der Gütergemeinschaft der Urgemeinde von Jerusalem beteiligen. Dieses Ideal wird etwa in Apg 4,32–37 beschrieben:

> [32] Der Menge der Glaubenden aber war Herz und Seele eins, und auch nicht einer sagte, dass etwas von dem Besitz ihm eigen sei, sondern (es) war ihnen alles gemeinsam. [33] Und mit grosser Kraft gaben das Zeugnis die Apostel von der Auferstehung des Herrn Jesus, und grosse Gnade war auf ihnen allen. [34] Denn auch nicht ein Bedürftiger war unter ihnen; denn wie viele Besitzer von Grundstücken oder Häusern vorhanden waren, verkaufend brachten sie die Erlöse des Veräusserten [35] und legten (sie) vor die Füsse der Apostel; verteilt wurde aber jedem, inwieweit einer Bedarf hatte. [36] Joseph aber, der von den Aposteln zudem Barnabas Gerufene, das ist übersetzt Sohn (der) Ermutigung, ein Levit, Kyprier der Abstammung (nach), [37] dem ein Acker gehörte, verkaufend (ihn), brachte das Geld und legte (es) zu den Füssen der Apostel.

An dieser Gütergemeinschaft, dem geteilten Besitz, der dazu führt, dass auch die Habenichtse nicht vor die Hunde gehen, wollen sich auch Hananias und Saphira beteiligen. Sie ahmen dabei das Beispiel des Joseph Barnabas aus Apg 4,36 nach und verkaufen Teile ihres Besitzes. Und auch sie legen vom Erlös des Verkaufes etwas «vor die Füsse der Apostel», wie Apg 5,2 notiert. So weit so gut.

Allerdings geben sie dabei nur einen Teil des von ihnen erwirtschafteten Erlöses ab und bringen einen anderen Teil heimlich für sich zur Seite. Das allein wäre freilich kein Problem. Denn natürlich steht es ihnen frei, so viel zu spenden, wie sie wollen. Die Urgemeinde von Jerusalem ist keine kommunistische Enteignungsmaschine, sondern setzt auf Freiwilligkeit, wie Petrus im Gespräch mit Hananias in Apg 5,4 betont: «Hätte es nicht dein Eigentum bleiben können und konntest du nicht auch nach dem Verkauf frei über den Erlös verfügen?» Das Problem liegt auf einer anderen Ebene. Denn das Ehepaar behauptet offenkundig vor den Aposteln und der Gemeinde, dass sie den Gesamterlös aus dem Verkauf des Besitzes in die Gemeindekasse eingebracht haben (vgl. Apg 5,8). Und genau das ist eine Lüge, mit der sie nicht zuerst Menschen, sondern vor allem Gott belogen haben (Apg 5,4).

Im Hintergrund dieser Lüge steht ein offenkundiges Missverständnis des Ehepaares: Sie verstehen das Teilen des Besitzes als Chance, um sich als Wohltäter der Gemeinde zu präsentieren und aus dem Einsatz von Geld soziales Kapital in Form von Ansehen und Prestige zu schlagen. Oder anders: Sie investieren Geld in die Urgemeinde und hoffen auf eine Verzinsung, die in der Währung der Ehre ausbezahlt wird. Das ist in der Antike wie auch in zahlreichen modernen Gesellschaften ganz typisch. Wer etwas Gutes tut, wer im grossen Stil spendet, der soll davon auch etwas haben, sei es eine Steuererleichterung, sei es öffentliches Ansehen, weil z.B. ein Gebäude nach ihm benannt wird.

Die Macht des Geldes 155

Hananias und Saphira scheinen auch dieser Logik verhaftet zu sein. Mit dem Einsatz des Schmiermittels Geld wollen sie Prestige, Ansehen und Macht in der Gemeinde erwerben. Und da gilt: Viel hilft viel. Wenn sie glaubhaft versichern können, dass sie den Gesamterlös, also 100% aus dem Verkauf von Besitz der Gemeinde gespendet haben, dann wiegt das schwerer als die konkrete Summe, von der sie für den Eigenbedarf zuvor etwas abgezwackt haben. Sie tun also als ob und spielen der Gemeinde etwas vor, indem sie sich als Grossspender inszenieren, die alles gegeben haben, während sie faktisch nur einen Teil gespendet haben. Nochmals: Nicht die Höhe der Spende ist das Entscheidende, sondern die Falschbehauptung, ein Hundertprozentiger zu sein. Diese Versuchung der Macht, das Streben nach Ehre, Ansehen und Ruhm wird dem Ehepaar zum Verhängnis, denn sie haben die Rechnung ohne Gott gemacht, der sich nicht hinters Licht führen lässt. Beide fallen nach ihrer Falschbehauptung auf der Stelle tot um und werden von der Urgemeinde begraben.

Wesentlich glimpflicher geht da die Versuchung der Macht aus, der ein gewisser Simon in Apg 8,5–25 zu erliegen droht. Simon ist ein Zauberer, der seit geraumer Zeit in einer Stadt in der Region Samaria sein Unwesen treibt und mit einem hohen Anspruch auftritt: «Er gab sich als etwas Grosses aus!», formuliert Lukas in Apg 8,9. Und in der Tat hat dieser alles andere als bescheidene Anspruch Resonanz unter der Stadtbevölkerung (Apg 8,10f.), denn:

> [10] auf ihn achteten alle von klein bis gross, sagend: Dieser ist die Kraft Gottes, die «grosse» gerufene. [11] Sie achteten aber auf ihn, weil er geraume Zeit durch die Zaubereien sie ausser sich gebracht hatte.

Die «grosse Kraft Gottes» bekommt mit dem Jesusmissionar Philippus, der ab Apg 8,5 ebenfalls in dieser Stadt in Samaria

WIE SAGTE NOCH UNSER VERSCHIEDENER BISCHOF, GOTT HAB IHN SELIG ?
PFLEGE DIE REICHEN - DEN ARMEN ZUM WOHLE! WIR BRAUCHEN DAS GELD - DIE HABEN DIE KOHLE!
INRI
T. Plaßen

auftritt, handfeste Konkurrenz. Denn Philippus ist wirklich ein Gottesmann, der das Evangelium verkündet, der tauft und völlig ohne Zaubertricks so authentisch auftritt, dass die Stadtbevölkerung sich neu als Jesusanhänger und nicht mehr als Simonanhänger versteht (und selbstverständlich auch nicht als Philippusanhänger, denn auch Philippus ist ein Vorbild in Sachen Widerstand gegen die Versuchung der Macht). Sogar Simon selbst gerät in den Bann des Philippus, lässt sich taufen und erlebt wundersame Zeichen und Wunder im Umfeld der Jesusbewegung (vgl. Apg 8,13).

Als schliesslich Petrus und Johannes aus Jerusalem nach Samaria kommen und auch die Stadtgemeinde besuchen, schlägt erneut die grosse Stunde des Simon, und er erinnert sich an seinen alten Status als grosser Mann zurück, den er durch die Verkündigungstätigkeit des Philippus verloren hat. Als er miterlebt, wie durch Gebet und Handauflegung der Apostel der Geist Gottes vermittelt wird (vgl. Apg 8,15–18), wähnt er eine neue Karrieremöglichkeit für sich in der Jesusbewegung. Auch er will das können und meint, dass es sich um eine Fähigkeit der Apostel handelt, die diese aus sich heraus besitzen, vielleicht wie einen Zaubertrick gelernt haben und auf jeden Fall aus eigener Machtvollkommenheit auch weitergeben und delegieren können. Wie Hananias und Saphira setzt er dabei auf das Schmiermittel Geld und bringt Petrus und Johannes eine Menge Silbergeld, um die Fähigkeit der Geistverleihung käuflich zu erwerben. Dass Johannes und Petrus dieses Ansinnen brüsk ablehnen, dürfte nach Apg 3 wenig überraschen (Apg 8,18–23):

> [18] Sehend aber Simon, dass durch die Auflegung der Hände der Apostel gegeben wird der Geist, hinbrachte er ihnen Geld,
> [19] sagend: Gebt auch mir diese Vollmacht, damit, wem immer ich auflege die Hände, er empfange heiligen Geist! [20] Petros aber sprach zu ihm: Dein Silber gehe mit dir ins Verderben, weil

du die Gabe Gottes meintest durch Geld zu erwerben; [21] nicht ist dir Teil noch Los an dieser Sache, denn dein Herz ist nicht aufrichtig vor Gott. [22] Kehre also um von dieser deiner Schlechtigkeit und bitte den Herrn, ob dir wohl weggenommen werden wird das Sinnen deines Herzens, [23] denn in Galle von Bitterkeit und in Fessel von Ungerechtigkeit sehe ich, dass du bist.

«Simonie» wird in Erinnerung an dieses Angebot des Simon in der christlichen Tradition seit Jahrhunderten der Versuch genannt, kirchliche Ämter durch Geld zu erwerben, wobei längst nicht alle Nachfolger der Apostel so standfest waren wie Petrus und Johannes und sich dem verlockenden Ruf des Geldes gerade nicht entziehen konnten. Für Petrus und Johannes erliegt Simon einer hochgefährlichen Versuchung der Macht des Geldes und des Prestiges, die geradewegs ins Verderben führt. Den Geist Gottes zu schenken, ist Sache Gottes (vgl. etwa Apg 10,44) und steht letztlich nicht in der Verfügungshoheit der Menschen. Und das muss auch Simon lernen, hat dazu allerdings noch eine Chance, denn anders als Hananias und Saphira bittet er umgehend um das fürbittende Gebet der Apostel für ihn (vgl. Apg 8,24). Und damit verschwindet er aus der Welt der Apostelgeschichte.

Ein Ehepaar, ein Zauberer und vier Apostel: Mit all diesen Erzählfiguren und den Geschichten, die sich um sie ranken, malt Lukas Bilder von Versuchungen der Macht, des Ansehens und Einflusses, der Ehre und des Geldes. Seine Gemeinde, für die er seine Apostelgeschichte zuallererst geschrieben hat, hat alle Chancen, im Licht dieser Erzählungen vergleichbare Versuchungen, die es auch in den Tagen des Lukas gegeben haben wird, im Sinne der vorbildlichen Anfänge zu bestehen.

Demokratie im Volk Gottes?
Konflikte, ihre Lösungen
und Entscheidungsträger in Jerusalem
und Antiochia (Apg 6,1–6; 13,1–15,35)

Nach den Versuchungen, die Macht, Geld, Prestige und Einfluss für Einzelfiguren mit sich gebracht haben, wenden wir uns wieder grossflächigen Gemeindekonflikten zu, wie wir sie aus dem 1. Korintherbrief kennen. Auch Lukas weiss um solche Konflikte und erzählt von ihnen in der Apostelgeschichte. Was er aber auch kennt und vor allem viel pointierter erzählt, sind die Lösungen, die die urchristlichen Gemeinden für ihre Konflikte finden. Und dabei treffen wir in der Apostelgeschichte auf ein Phänomen, das man vielleicht «demokratisch» nennen kann: die Teilhabe ganzer Gemeinden an Konfliktlösungsprozessen. Dafür finden sich Beispiele in Antiochia und Jerusalem. Beide Gemeinden leisten Widerstand gegen die Macht einsamer Entscheidungen durch Leitfiguren oder Einzelgruppen in Richtungsstreitigkeiten und setzen auf die Beteiligung aller.

* * *

Der synodale Prozess in Deutschland war gerade angelaufen und die erste Synodenversammlung (31. Januar – 1. Februar 2020) kaum beendet, da erhob ein führender Kirchenmann in Deutschland seine Stimme und kritisierte, dass ihm die Synodenversammlung wie ein «protestantisches Kirchenparlament» erscheine. Und genau das sei mit dem Wesen der hierarchischen Struktur der römisch-katholischen Kirche nicht vereinbar. Für den Kardinal roch die ganze Veranstaltung zu stark nach Demokratie und Gleichheit in der Kirche.

Im Interview mit dem kircheneigenen Medium «Domradio» äusserte besagter Kardinal: «Das ist ja auch schon das sehr deutlich prägende Bild beim Einzug zum Gottesdienst gewesen, als Bischöfe und Laien alle gemeinsam eingezogen sind und somit zum Ausdruck gebracht wurde, dass da jeder gleich ist. Und das hat eigentlich nichts mit dem zu tun, was Katholische Kirche ist und meint.» Nur folgerichtig ist, dass der Kardinal die dem Alphabet folgende Sitzordnung, die für einen Kardinal W. eigentlich einen Platz weiter hinten bedeutet hätte, für «äußerst bedenklich» hält. Für Kardinal Woelki ist offenkundig nicht jeder gleich in der Kirche. Für ihn kann es so etwas wie Mehrheitsentscheide unter Beteiligung auch von Nichtklerikern in ihr nicht geben (wer das ganze Interview lesen will, findet es leicht im Internet oder unter diesem Link: https://www.domradio.de/themen/reformen/2020-02-01/alle-meine-befuerchtungen-eingetreten-kardinal-woelki-uebt-kritik-der-ersten-synodalversammlung).

Gibt es so etwas wie Demokratie in der Kirche, im Volk Gottes? Wer die lukanische Apostelgeschichte liest, kann jedenfalls nicht einfach und leichtfertig «Nein!» sagen. Denn in ihr erzählt Lukas von Richtungsentscheidungen, Streitigkeiten und scharfen Konflikten, die durch die Beteiligung von Gesamtgemeinden gelöst werden und bei denen nicht einzelne Amtsträger einen Entscheid fällen. Blicken wir dafür zunächst auf die Jesusgemeinde in Antiochia am Orontes, die Hauptstadt der römischen Provinz Syrien. Die dortige, zunächst wohl aus einer jüdischen Synagogengemeinde hervorgehende Jesusgemeinde verfügt über Amtsträger (vgl. Apg 13,1), nämlich Propheten und Lehrer, zu denen auch das uns bereits vertraute Duo Barnabas und Saulus/Paulus gehört, aber auch über eine sehr aktive und in alle wichtigen Entscheidungen einbezogene Gesamtgemeinde. Das beginnt beim von der Gesamtgemeinde getragenen Projekt der ersten Reise von Barnabas und Paulus (Apg 13,1–3):

¹ In der Gemeinde von Antiochia gab es Propheten und Lehrer: Barnabas und Simeon, genannt Niger, Lucius von Kyrene, Manaën, ein Jugendgefährte des Tetrarchen Herodes, und Saulus. *²* Als sie zu Ehren des Herrn Gottesdienst feierten und fasteten, sprach der Heilige Geist: Wählt mir Barnabas und Saulus zu dem Werk aus, zu dem ich sie berufen habe! *³* Da fasteten und beteten sie, legten ihnen die Hände auf und liessen sie ziehen.

Im Rahmen des Gottesdienstes, den kaum die in V. 1 genannten Männer allein gefeiert haben, so dass mit «sie» in V. 2 die Gemeinde gemeint ist, teilt sich auf für uns nicht nachvollziehbare Weise der Geist Gottes mit und wählt Barnabas und Saulus/Paulus für ein Spezialprojekt aus, nämlich die sogenannte Missionsreise. Dazu hat Gott sie berufen, und die Gemeinde insgesamt soll diese Auswahl bestätigen. Und wenn in V. 2 die Gemeinde das Subjekt des Satzes ist, dann auch in V. 3: Die Gesamtgemeinde fastet, betet, legt den beiden Ausgesandten die Hände auf und lässt sie schliesslich ziehen. Dem entspricht, dass am Ende der Reise die beiden Missionare ihren Rechenschaftsbericht nicht etwa vor dem

Saulus/Paulus

Es ist ein weitverbreitetes Missverständnis: Saulus würde nach seiner Bekehrung zum Paulus werden und passend zur Bekehrung auch seinen Namen wechseln. Das ist falsch: Saulus/Paulus ist ein Doppelname für die gleiche Person; Paulus wechselt nicht nach seiner Bekehrung seinen Namen (das merkt man spätestens in Apg 13,9, denn auch dort wird Paulus noch Saulus genannt), sondern trägt Zeit seines Lebens beide Namen: einen aus der jüdischen (Saulus) und einen aus der römischen (Paulus) Tradition, wie das für Juden mit römischem Bürgerrecht nicht untypisch ist.

Gremium der Propheten und Lehrer ablegen, sondern vor der Gesamtgemeinde, der Ekklesia (Apg 14,27):

Angekommen aber und versammelnd die Gemeinde (*ekklêsia*), berichteten sie, wieviel Gott tat mit ihnen und dass er öffnete den Nichtjuden eine Tür (des) Glaubens.

Ralph Neuberth, der eine grundlegende Studie zu demokratischen Grundstrukturen in der Apostelgeschichte verfasst hat, resümiert in einem lesenswerten Artikel: «Die Gemeindeversammlung von Antiochia ist es, die die beiden im Rahmen einer liturgischen Feier ausgewählt und beauftragt hat (u. a. mit dem Zeichen der Handauflegung). Die Missionsreise von Barnabas und Paulus [...] ist ein Projekt im Auftrag der Gemeinde» (Ralph Neuberth, Kein Aufbruch ohne Volk. Ermutigungen aus der Apostelgeschichte, in: Bibel und Kirche 68 [2013] 70–75, 74). Keine Frage: Eine Missionsreise, getragen von einer jüdischen Jesusgemeinde, die sich explizit auch an Nichtjuden wendet, denen Gott eine Tür des Glaubens geöffnet hat, das ist eine wegweisende Richtungsentscheidung, die eine bemerkenswerte Offenheit für die Integration von Nichtjuden in das Gottesvolk zeigt. Und diese Entscheidung hat die Gemeinde in Antiochia getroffen und schreckt auch nicht vor weiteren Konsequenzen zurück, die uns gleich noch beschäftigen werden. Dagegen wirkt schon fast unspektakulär, dass es nach Apg 13,3 offenkundig alle Gemeindemitglieder sind, die Barnabas und Paulus die Hände auflegen. Aber das stelle man sich einmal heute etwa im Rahmen der zu Beginn erwähnten Synodalversammlung vor ...

Sachlich vollauf konsequent ist es, dass die Gemeinde in Antiochia dann auch in ihre eigenen Reihen Nichtjuden integriert, die Jesusanhänger sein wollen, ohne dass diese zunächst Jüdin oder Jude werden (vgl. Apg 15,1), sich also als Mann beispielsweise beschneiden lassen. Diese Offenheit freilich provoziert scharfen Widerspruch, der in einen der grössten Konflikte der frühen Jesusbewegung führt: den Streit um die Aufnahme von Nichtjuden in die Jesusbewegung. Das ist das Thema von Apg 15. Inhaltlich wird es uns im nächsten Kapitel ausführlicher beschäftigen. Für den Moment nur so viel: Ausgefochten wird dieser Streit in Jerusalem, aber unter Beteiligung einer Abordnung aus Antiochia. Und es ist nicht überraschend, dass sich das Muster von Apg 13,1–3 wiederholt und erneut die Gesamtgemeinde ihre Vertreter, Paulus, Barnabas und einige andere, für den Konfliktlösungsprozess in Jerusalem auswählt (vgl. Apg 15,2 f.). Dass nach erfolgter Kompromissfindung die Boten aus Jerusalem inklusive der nach Jerusalem gesandten Gemeindeabordnung wieder vor der Gesamtgemeinde in Antiochia auftreten und diese den Kompromiss akzeptiert (vgl. Apg 15,30 f.), dürfte dann niemanden mehr überraschen. In Antiochia gibt es zwar Propheten und Lehrer, aber Richtungsentscheidungen werden von allen getroffen. Und hinter diesen Entscheiden wird immer das Wirken des Geistes Gottes sichtbar. In der lukanischen Erzählwelt hat der Geist Gottes offensichtlich keine Angst vor demokratischen Grundstrukturen, der Teilhabe aller an Entscheidungsfindungsprozessen und Formen gemeinschaftlicher Leitung.

Uneinheitlicher ist das Bild, das Lukas für die Jerusalemer Gemeinde entwirft. Beginnen wir in Apg 6,1–6:

> [1] In diesen Tagen aber, als sich mehrten die Schüler, entstand ein Murren der Hellenisten gegen die Hebräer, weil übersehen wurden beim täglichen Dienst ihre Witwen. [2] Die Zwölf aber, herbeirufend die Menge der Schüler, sprachen: Es ist nicht richtig, dass wir, verlassend das Wort Gottes, bedienen (die) Tische. [3] Seht euch aber um, Brüder, nach sieben Männern aus euch, mit gutem Zeugnis, voll Geist und Weisheit, die wir einsetzen werden für diesen Bedarf, [4] wir aber werden beim

Gebet und beim Dienst des Wortes ausharren. ⁵ Und der Vorschlag fand die Zustimmung der ganzen Menge, und auswählten sie Stephanos, einen Mann voll Glauben und heiligem Geist, und Philippos und Prochoros und Nikanor und Timon und Parmenas und Nikolaos, einen antiochenischen Proselyten; ⁶ diese stellten sie vor die Apostel, und betend legten (diese) ihnen die Hände auf.

Der Text erzählt von einer Art ethnischem, also die Volks- und Sprachgruppen betreffenden Konflikt in der Jesusgemeinde von Jerusalem. Auslöser ist das Anwachsen der Gemeinde (V. 1). Dabei treten Juden in die Jesusbewegung ein, die ihre Heimat in Jerusalem und Judäa haben. Sie werden im Text als Hebräer bezeichnet. Daneben gibt es aber auch Juden, die selbst oder deren Vorfahren aus der jüdischen Diaspora stammen und Griechisch sprechen. Auch diese «Hellenisten» gibt es in Jerusalem. Und auch sie werden Teil der Jesusbewegung. Die Jerusalemer Gemeinde ist also kulturell vielschichtig. Das wird nach Apg 6 zum Problem. Denn im Rahmen der innergemeindlichen Versorgung der Witwen, also von Frauen, die nach dem Tod ihres Mannes in z.T. prekären sozialen Verhältnissen leben, werden die Witwen des griechischsprachigen Teils «übersehen». Das Ideal der Gütergemeinschaft und der Versorgung der Bedürftigen in der Gemeinde (Apg 4,32–37), das uns im letzten Kapitel beschäftigt hat, bekommt also ethnische Risse. Es gibt so etwas wie einen Inländervorrang, den die Hebräer gegen die Hellenisten auszuspielen suchen. Das wirkt zwar zunächst wie ein unscheinbarer Konflikt, kann aber zur Spaltung der Gemeinde führen. Die zwölf Apostel sehen sich für diesen Konflikt zuständig. Aber sie entscheiden ihn nicht im kleinen Kreis. Vielmehr versammeln sie von Anfang an «die Menge der Schüler» (V. 2). Der griechische Begriff *plêthos*, den Lukas hier verwendet, kann die grosse Menge, die Masse, den

Mob, die Mehrheit und auch die Vereinsversammlung, die Bürgerversammlung meinen. Auch im Rahmen der Beschreibung des Ideals der Gütergemeinschaft in Apg 4,32 fiel dieser Terminus: «Die *Menge* der Glaubenden ...». Und auch in Apg 15,30 findet er sich mit Blick auf die Gesamtgemeinde in Antiochia. Die Zwölf versammeln also die Gesamtgemeinde und unterbreiten ihr einen Vorschlag, wie das Problem zu lösen ist. Sie setzen dabei auf eine institutionelle Strukturveränderung und schlagen vor, ein neues Gremium in der Gemeinde einzurichten: die sieben Tischdiener, die sich um die gerechte Verteilung bei Tisch kümmern sollen. Die Apostel selbst wollen Beter und Diener des Wortes bleiben. Die Zwölf geben zudem Kriterien an die Hand, nach denen die Auswahl der Tischdiener erfolgen soll: männliches Geschlecht, guter Leumund, erfüllt von Weisheit und Geist.

Funktionen, Ämter und Geschlecht

Apg 6,1–6 ist ein schönes Beispiel für die Entstehung von Ämtern und Funktionen in der Jesusbewegung: Sie sind zur Problemlösung gedacht und sollen nicht selbst zum Problem werden. Und sie fallen nicht einfach vom Himmel, sondern werden im Zusammenspiel von Gott und Mensch situativ, dem Bedarf entsprechend gebildet und unterliegen Entwicklungsprozessen im Blick auf ihre inhaltlichen Profile (Kompetenzen, Anforderungen an Personen, die ein Amt übernehmen). Das Ur- und Frühchristentum war bei diesen Ausbildungsprozessen kreativ und hat eine Vielzahl von Ämtern und Funktionen ausgebildet – und dies auch unter dem Einfluss von Ämtern und Funktionen in der Umwelt des Urchristentums: der Struktur des Hauses und der Familie, der jüdischen Synagogengemeinden, des Vereinswesens der Antike, der Stadt und ihrer Verwaltung und manchem mehr. Zu diesen Ämtern und Funktionen gehören Diakone, Presbyter, Witwen, Apostel, Bischöfe (Episkopen), Propheten, Lehrer, Schriftgelehrte, Vorsteher ... Die biblische Tradition kennt weit mehr als das heute dominierende dreigliedrige kirchliche Amt von Diakon, Priester und Bischof. Und sie kennt natürlich auch Beispiele für Frauen, die Ämter und Funktionen innehatten, auch wenn das bereits in der lukanischen Erzählwelt der Apostelgeschichte aus dem Blick zu geraten droht. Man lese nur das 16. Kapitel des Römerbriefs. Da finden sich nicht nur eine Gemeindevorsteherin und Diakonin namens Phöbe (16,1 f.), sondern auch eine weibliche Apostelin Junia (16,7) und viele andere Frauen und Männer mehr. Wie so oft ist auch das neutestamentliche Zeugnis im Blick auf Ämter und Funktionen vielfältig: Neben ausgesprochen amtskritischen Texten wie dem Markus- oder auch dem Johannesevangelium gibt es auch solche, die viel Zeit darauf verwenden, genauer aufzulisten, wer wie welches Amt auszuüben hat. Paradebeispiele sind hier etwa die Pastoralbriefe (1.+2. Timotheusbrief, Titusbrief), die ganze Ämterkataloge entwerfen und dabei etwa auch die Möglichkeiten für Frauen, Ämter zu übernehmen, erheblich einschränken. In der Antike war das im Übrigen eine Anpassung an den sogenannten Zeitgeist einer patriarchalen Gesellschaft. Die Anfänge, wie sie uns in älteren Texten begegnen, waren da flexibler.

Die Auswahl selbst aber ist Aufgabe der Gesamtgemeinde. Schärfer noch: V. 5 besagt, dass die Gesamtgemeinde (*plêthos*) dem Vorschlag zustimmt (*êresen*). Das griechische Wort *êresen* kann dabei den Beschluss einer Körperschaft von Personen meinen. Die Gesamtgemeinde sagt also nicht einfach «Ja und Amen» zur Entscheidung der Zwölf. Sie selbst trifft die Entscheidung, und die Apostel machen einen Vorschlag. Nur folgerichtig ist, dass Lukas dann in V. 5 f. formuliert, dass die Gesamtgemeinde die sieben Männer, zu denen allen voran Stephanus gehört, auswählt und sie dann auch vor die Apostel stellt. Letzteren kommt es zu, zu beten und den Sieben die Hände aufzulegen, was in Antiochia durch alle Gemeindemitglieder erfolgte. Ist das Demokratie im Volk

Gottes? Jedenfalls hat die Gesamtgemeinde in Jerusalem echte Entscheidungskompetenzen und nickt nicht einfach ab, was die Apostel vorgeben.

Anders allerdings ist der Eindruck, wenn man jenen bereits kurz genannten Konflikt um die Aufnahme von Nichtjuden in die Jesusbewegung betrachtet, der uns in Apg 15 begegnet. Vertiefen wir uns auch jetzt noch nicht in die Inhalte, sondern fragen nur, wo und wie die Gesamtgemeinde in Jerusalem in den Konfliktlösungsprozess eingebunden ist. Zwar empfängt sie die Gemeindeabordnung aus Antiochia (Apg 15,4) und nimmt als Zuhörer auch an den Beratungen der Apostel und Ältesten teil (Apg 15,6.12), ja, sie beschliesst gemeinsam mit den Aposteln und Ältesten auch mit über die Auswahl der Boten, die den in Jerusalem gefällten Beschluss nach Antiochia tragen (Apg 15,22), aber insgesamt gewinnt man doch den Eindruck, dass es eben viel stärker die Apostel und Ältesten sind, die unter sich, wenn auch vor dem Forum der Gesamtgemeinde, den Konflikt beilegen. Dabei ragt einer besonders heraus: Jakobus. Er formuliert abschliessend das Urteil und damit die Kompromisslösung: «Deshalb urteile ich ...» (Apg 15,19). Natürlich: Das ist keine einsame Entscheidung, die im Hinterzimmer der Macht getroffen worden ist. Sie wurde in Anwesenheit der Gesamtgemeinde und auch der vom Beschluss unmittelbar Betroffenen getroffen. Und doch kann man sich des Eindrucks nicht erwehren, dass hier ein starker Mann agiert hat. Und Lukas lässt ihn agieren.

Gibt es also Demokratie im Volk Gottes? Ja, darf man sagen, in Antiochia durchaus. Wesentliche Richtungsentscheidungen und Positionierungen in Konflikten werden von dieser Gesamtgemeinde getroffen. Sie macht den Auftakt zur Integration von Nichtjuden in die Jesusbewegung ohne Beschneidung und Einhaltung aller Toragebote. Man könnte allerdings mit guten Gründen einwenden, dass es mit solch partizipativen Strukturen in anderen Gemeinden nicht so weit her ist. In Jerusalem zeigt sich nach dem sehr demokratisch wirkenden Auftakt in Apg 6,1–6 dann doch mit der Figur des Jakobus in Apg 15 ein starker Gemeindeleiter, dessen Wort in besonderer Weise gilt. Die Gesamtgemeinde von Jerusalem jedenfalls ist trotz ihrer Beteiligung an der Konfliktlösung in Apg 15 weit weniger direkt an den Entscheidungen des Jakobus, der Apostel und der Ältesten beteiligt, als dies eben in Antiochia der Fall war.

In diesem uneinheitlich wirkenden Nebeneinander zeigt sich meines Erachtens aber etwas besonders Reizvolles: Die Pluralität des Christentums im 1. Jahrhundert n. Chr., die uns als Heilige Schrift im Neuen Testament entgegentritt. Was in Antiochia plausibel und ein gelingendes Modell für die Organisation von Gemeinde ist, kann und darf in Jerusalem anders gestaltet werden. Ortskirchen sind legitim verschieden organisiert. Gemeinden sind autonom, und in ihnen können verschiedene und jeweils für sie passende Strukturen herrschen. Das Urchristentum erliegt also nicht der Versuchung, alles über einen Kamm zu scheren und so etwas wie uniforme Gleichheit herzustellen. Es lebt Vielfalt und legitimiert Vielfalt!

Man könnte einwenden, dass im 1. Jahrhundert n. Chr. eben einfach eine ordnende Instanz noch gefehlt hat, die so etwas wie Uniformität in der Jesusbewegung hätte durchsetzen können. So etwas wie einen römischen Patriarchat gab es noch nicht. Das stimmt natürlich. Allerdings: Wenn man von der in der Apostelgeschichte bezeugten Wirkmächtigkeit des Geistes Gottes und dem Hineinwirken Jesu in seine Nachfolgegemeinschaft wirklich überzeugt ist und dies eben auch theologisch ernst nimmt, dann hätte es dem Geist Gottes freigestanden, Ordnung in das scheinbare Chaos zu bringen. Offensichtlich hat Gott das aber nicht für nötig befunden. Die bunte Vielfalt, die die Anfänge geprägt hat, darf uns insofern auch heute etwas sagen.

Ein anderer führender Mann in Deutschland, ein Bundeskanzler, der längst verstorben ist, hat in einer wegweisenden Regierungserklärung aus dem Jahr 1969 einmal gesagt: «Wir wollen mehr Demokratie wagen.» Sicherlich, Willy Brandt meinte Staat und Gesellschaft. Ob der Kirche dies zumindest partiell nicht auch gut zu Gesicht stünde?

Offene Türen?
Die Versuchung der Macht der
Aus- und Abgrenzung (Apg 15,1–35)

Die Frage, ob und unter welchen Bedingungen Nichtjuden Teil der Jesusbewegung werden können, die ja zum Judentum gehört, ist eine der grossen Streitfragen des Urchristentums. Dürfen Nichtjuden Jesusanhänger sein oder nicht? Stehen die Gemeindetüren für sie offen oder nicht? Und wenn sie eintreten dürfen, was müssen sie als Vorbedingungen erfüllen? In Apg 15 erzählt Lukas, wie dieser Konflikt eskaliert, und präsentiert zugleich die in Jerusalem gefundene Lösung. Und diese Konfliktlösung beinhaltet einen echten Kompromiss, der allen Streitparteien etwas abverlangt und zu einem Musterbeispiel für Kompromissfähigkeit wird, auch wenn vorgebliche theologische Wahrheiten auf dem Spiel zu stehen scheinen. Die in Jerusalem versammelten Jesusanhänger widerstehen der Versuchung der Macht zur Aus- und Abgrenzung.

*   *
 *

Als ich vor über zehn Jahren aus Deutschland in die Schweiz ging, gab mir ein mir wohlgesonnener Kollege, der bereits einige Jahre länger in der Schweiz lebte, den guten Rat mit auf den Weg, mir die Schweizer Debatten- und Diskussionskultur gut anzuschauen. Die Fähigkeit zum Kompromiss und zur Berücksichtigung möglichst vieler Interessen sei in der Schweiz besonders ausgeprägt. Nach bald elf Jahren kann ich sagen: Das stimmt (auch wenn es da und dort bemerkenswerte Ausnahmen gibt). Die Fähigkeit zur Konsensfindung und zur Integration widerstreitender Meinungen ist ein hohes Gut.

Diese Erfahrung macht auch die Jesusbewegung an ihren Anfängen. Sie ist aus vielerlei Gründen für viele Menschen attraktiv. Auf dem antiken Markt der Möglichkeiten von Religion, Philosophie und Seelsorge bietet sie etwas, das man anderswo nicht findet. Mit ihren aus dem Judentum stammenden theologischen Grundtraditionen und den Impulsen, die Jesus von Nazaret gesetzt hat – dazu gehören flache Hierarchien, Offenheit auch für Randfiguren wie Zöllner, Sünder und Fremde, gemeinsame Mähler mindestens einmal in der Woche, Gütergemeinschaft und manches mehr –, wirkt die Jesusbewegung auch auf Nichtjuden anziehend. Lukas erzählt in seiner Apostelgeschichte ab Kapitel 8, wie sich immer mehr Nichtjuden für das Gedankengut der Jesusbewegung öffnen und dann auch Mitglied von Jesusgemeinden werden, sich taufen lassen und den Geist Gottes empfangen.

Eine Frage ist dabei aber für längere Zeit ungeklärt: Müssen Nichtjuden erst Teil des Judentums werden, um Mitglied der Jesusbewegung sein zu können, oder können sie direkt dazugehören, ohne rituell ins Judentum überzutreten? Das ist keine unerhebliche Frage, denn der Übertritt zum Judentum, die Einhaltung aller Traditionen der Tora, die Beschneidung, die Ehegesetze, die Speisevorschriften, bringt erhebliche Belastungen für Nichtjuden mit sich. Denn gerade die Einhaltung von Beschneidung, von Reinheits- und Speisegeboten würde Nichtjuden aus ihrem gewohnten Lebensumfeld ausschliessen. Das ist ein Grund, warum es in der Antike nur relativ wenige Übertritte zum Judentum gibt und man eher als Jüdin und Jude geboren wird, aber nur selten zum Judentum bewusst übertritt. Speisegebote, Reinheitsgesetze, Beschneidung sind jüdische Identitäts- und Abgrenzungsmerkmale zugleich.

Die aus dem Judentum stammende und in ihrer Frühphase ganz sicher zum Judentum gehörende Jesusbewegung steht also vor der Frage, wie man mit Nichtjuden umgeht, die Teil der Gemeinden werden wollen. Die traditionelle Antwort des Judentums wäre: Wer Vollmitglied werden will, muss die Gebote einhalten und jüdische Tradition in vollem Umfang leben. Wer dazu nicht bereit ist, kann als sogenannte Gottesfürchtige oder als Gottesfürchtiger im Umfeld des Judentums mitleben, ist aber nicht Mitglied.

Dem langen Abschnitt von Apg 8–15, der sich zu lesen wirklich lohnt, merkt man das Ringen um diese Frage der Bedingungen für die Integration von Nichtjuden in die Jesusbewegung vielfach an. Am Ende ist es die Jesusgemeinde in Antiochia, die erste Fakten schafft. Denn die Antiochener nehmen Nichtjuden in ihre Reihen als Vollmitglieder auf, ohne die Beschneidung und die Einhaltung des Gesetzes des Mose einzufordern. Dieser Entscheid löst jenen Streit aus, der in Apg 15 erzählt und schliesslich auch gelöst wird. Die Vorgeschichte fasst Lukas dabei in den V. 1–4 knapp zusammen:

1 Und einige Herabgekommene von Judäa lehrten die Brüder: Wenn ihr euch nicht beschneiden lasst gemäss der Sitte (des) Moses, nicht könnt ihr gerettet werden. *2* Als aber nicht geringer Aufruhr und Auseinandersetzung entstand für Paulos und Barnabas gegen sie, bestimmten sie, dass hinaufsteigen Paulos und Barnabas und einige andere von ihnen zu den Aposteln und Ältesten nach Jerusalem wegen dieser Streitfrage.
3 Die aber nun von der Gemeinde Fortgeleiteten durchzogen die Phoinike und Samareia, erzählend die Bekehrung der Nichtjuden, und sie machten grosse Freude allen Brüdern.
4 Angekommen aber in Jerusalem, wurden sie empfangen von der Gemeinde und den Aposteln und den Ältesten, und sie berichteten, wieviel Gott getan hatte mit ihnen.

Aus Judäa und wohl speziell aus Jerusalem kommen also Juden nach Antiochia und kritisieren die dortige Gemeindepraxis. Dabei richten sie sich speziell an die unbeschnittenen Nichtjuden in der Gemeinde und konfrontieren sie mit einer harten Botschaft: Ohne Beschneidung keine Rettung! Was die Leute aus Jerusalem umtreibt, ist ein durchaus ehrenwertes Anliegen. Sie sorgen sich um das endgültige Heil der unbeschnittenen Jesusanhänger und werfen den antiochenischen Juden in der Jesusgemeinde vor, dass sie letztlich die Gemeindemitglieder aus den nichtjüdischen Völkern für dumm verkaufen und mit ihrem Heil spielen. Sie wähnen sich gerettet, weil man ihnen fälschlich versichert hat, dass es Rettung durch Gott ohne Beschneidung geben könnte. Aus Sicht der Leute aus Jerusalem ist das aber eine falsche theologische Position, eine Irrlehre.

Dass darüber in Antiochia Streit entbrennt, ist keine Frage. Wie die Gemeinde damit umgeht, kennen wir schon aus unserer letzten Miniatur in diesem Buch. Sie tragen den Konflikt nach Jerusalem und senden eine Abordnung nach Jerusalem, bestehend aus Barnabas, Paulus und einigen anderen.

Was Lukas dann im Anschluss ab V. 5 erzählt, erinnert an einen römischen Prozess mit Zeugeneinvernahme, Plädoyers von Staatsanwaltschaft und Verteidigung und dem Urteilsspruch eines Richters. Letzteren kennen wir bereits: Es ist Jakobus. Schauen wir uns die einzelnen Optionen auf dieser Jerusalemer Versammlung an, die man traditionell Apostelkonzil nennt, was freilich verdeckt, dass weit mehr als nur Apostel anwesend und an der Konfliktlösung beteiligt waren. Zunächst kommen die Staatsanwälte zu Wort, also jene Leute aus Jerusalem, die in Antiochia für Unruhe gesorgt haben. Es sind gläubig gewordene Pharisäer, also Jesusanhänger, die aus der besonders auf Reinheit und Gesetzeserfüllung achtenden Partei der Pharisäer stammen. Ihre Forderung (V. 5):

> Man muss sie beschneiden und ihnen gebieten, dass sie das Gesetz des Mose bewahren.

Sie sind also dafür, Nichtjuden aufzunehmen, aber zu entschieden jüdischen Bedingungen, die eher an völlige Anpassung denken lassen. Die Handlungsweise der Antiochener war also aus Sicht dieser Gruppe falsch. In der Versammlung der Apostel und Ältesten, die mit V. 6 beginnt und an der auch die Gesamtgemeinde teilnimmt (V. 12), entsteht im Anschluss eine heftige Auseinandersetzung über diese Streitfrage, und es ist dann Petrus, der als Anwalt der Verteidigung auftritt und das Vorgehen der Antiochener mit Leidenschaft vertritt (V. 7–11). Auf der Grundlage seiner eigenen Erfahrungen, die Lukas in Apg 10–11 erzählt hat, kommt er zum Schluss (V. 9):

> In nichts unterschied Gott zwischen uns und ihnen [den Nichtjuden], durch den Glauben reinigend ihre Herzen.

Als Zeugen in der Sache werden sodann Barnabas und Paulus gehört, die von ihren Erfahrungen mit Gott und seiner Offenheit für Nichtjuden erzählen (V. 12). Gott selbst hat sich entschieden, Nichtjuden den Geist Gottes zu schenken, auch wenn diese nicht beschnitten sind und zum Judentum gehören. Das ist ihre Erfahrung, wie es auch die Erfahrung des Petrus war.

Nach diesem Zeugnis und den Plädoyers spricht schliesslich Jakobus das Urteil (V. 19):

> Deshalb urteile ich, nicht zu belasten die von den Nichtjuden sich Hinwendenden zu Gott [...]

Dieses Urteil ist eindeutig. Die Forderung nach Beschneidung und Einhaltung des Gesetzes für jene, die aus den nichtjüdischen Völkern heraus sich dem einen Gott zuwenden und Teil der Jesusbewegung werden wollen, wird als unnötige Last, als

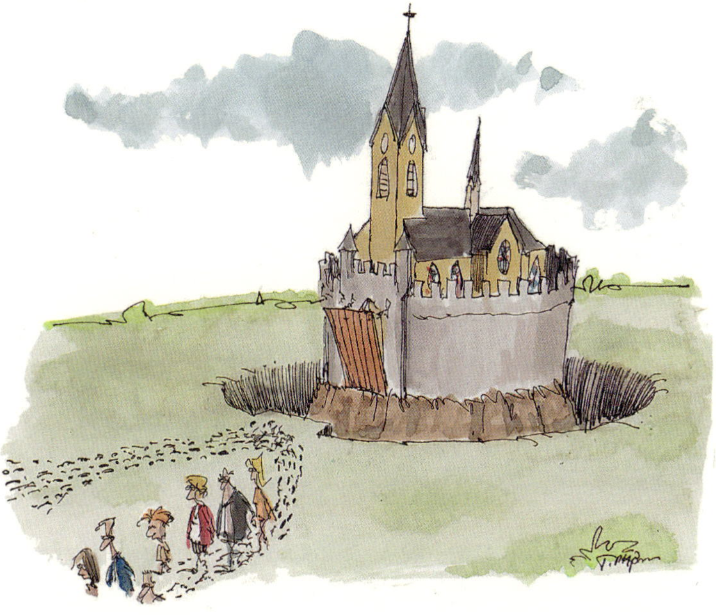

Grenzziehung ohne Notwendigkeit erachtet und abgelehnt. Das findet die Zustimmung der übrigen Apostel und Ältesten und auch der Gemeinde und wird mit einem Brief (V. 22–29) auch der antiochenischen Gemeinde und speziell den Unbeschnittenen in dieser Gemeinde mitgeteilt. Auffällig ist: Gleich zu Beginn des Briefes sprechen die Brüder aus Jerusalem die unbeschnittenen Jesusanhänger in Antiochia als Brüder an (V. 23), womit bereits das Entscheidende gesagt ist: Auch ohne Beschneidung und Einhaltung der Gebote des Mose kann man Teil der Jesusbewegung und damit des Gottesvolkes sein, ist man Bruder unter Brüdern. Und auch Rettung durch Gott, um die nach V. 1 die gläubigen Pharisäer besonders besorgt waren, hängt nicht an Beschneidung und Gesetzeserfüllung. Der Versuchung der Macht zur Aus- und Abgrenzung von Nichtjuden erteilt die Jerusalemer Versammlung also eine entschiedene Absage. Die Jesusbewegung zeichnet sich durch offene Türen auch für Nichtjuden aus. Das sieht nach einem Sieg für Paulus, Barnabas, Petrus und die Antiochener auf ganzer Linie aus.

Gleichwohl ist das Urteil des Jakobus doch auch eine Art Kompromissformel. Denn mit V. 19 ist sein Urteilsspruch noch nicht zu Ende. Jakobus formuliert nämlich vier Bedingungen, die man auch als Jakobusklauseln bezeichnet und an die sich die nichtjüdischen Jesusanhänger halten sollen (V. 19f.):

> [19] Deshalb urteile ich, nicht zu belasten die von den Nichtjuden sich Hinwendenden zu Gott, [20] sondern ihnen aufzutragen, sich zu enthalten der Befleckungen mit den Götzen und der Unzucht und des Erstickten und des Blutes.

Diese vier Forderungen haben ihre Wurzel im Buch Levitikus (Lev 17–18). Dort formulieren sie Regeln für das Mitleben von Nichtjuden im Land Israel, die sich auch als Nichtjuden an bestimmte jüdische Reinheitsregeln halten müssen, um das Land nicht unrein zu machen. Im Rahmen des Urteilsspruchs des Jakobus fungieren sie als Mindestanforderungen, an die sich nichtjüdische Jesusanhänger überall zu halten haben (jüdische Jesusanhänger halten sich aufgrund ihrer jüdischen Sozialisation ohnehin an diese und vergleichbare Regeln der jüdischen Tradition). Drei dieser vier Forderungen haben dabei mit Speisen und Nahrungsaufnahme zu tun: Die Befleckungen mit Götzen meinen das uns bereits aus 1 Kor 8 gut vertraute Götzenopferfleisch (vgl. auch Apg 15,29, wo die Jakobusklauseln erneut genannt werden), Blut und Ersticktes hat ebenfalls mit Fleischkonsum und der Art der Schlachtung von Tieren zu tun. Diese Konzentration auf ein Mindestmass an Reinheitsregeln für das Essen legt nahe, dass die vier Klauseln insgesamt dazu dienen, gemeinsame Mähler für jüdische und nichtjüdische Jesusanhänger zu ermöglichen und damit etwa auch gemeinsame Herrenmahlfeiern zu ermöglichen, zu denen ja auch – wie an 1 Kor 11,17–34 zu sehen ist – Sättigungsmahlzeiten gehören. Aber das sind Details exegetischer Debatten. Entscheidender für unseren Zusammenhang ist: Auch die Minderheitsmeinungen der gläubigen Pharisäer werden nicht einfach rücksichtslos überstimmt und damit die Vertreter dieser Option über den Tisch gezogen. Vielmehr müssen sich alle Beteiligten in ihren theologischen Positionen bewegen, um den Konflikt zu lösen, auch die Antiochener, auch Petrus, Barnabas und Paulus (Paulus erwähnt im Übrigen diese Jakobusklauseln bei seiner Erzählung über die Jerusalemer Versammlung, die er in Gal 2,1–10 präsentiert, nicht; auch in 1 Kor 8 argumentiert er nicht mit dem Jerusalemer Beschluss in Sachen Götzenopferfleisch, obwohl ihm dieser in der Sache durchaus geholfen hätte – ein auffälliger Befund, der zu Spekulationen einlädt, wie historisch zuverlässig die Erzählung des Lukas eigentlich ist), denn die Jakobusklauseln verlangen doch auch von ihnen eine neue Praxis, die bisher für sie nicht im Blick war.

Auch die Jakobusklauseln sind also letztlich eine Form, der Versuchung der Macht zur Aus- und Abgrenzung zu widerstehen. Denn ein uneingeschränktes Ja zur Option der antiochenischen Gemeinde hätte womöglich zur Ausgrenzung jener Partei gläubiger Pharisäer geführt, die in Jerusalem ebenfalls Teil der Jesusbewegung ist. Aber diesen Preis will die Jerusalemer Versammlung offensichtlich und mit guten Gründen nicht zahlen. Die Offenheit den Nichtjuden gegenüber soll nicht die Tür zu traditionelleren jüdischen Kreisen innerhalb der Jesusbewegung zuschlagen.

Auf lange Sicht hat sich die ursprüngliche Position der antiochenischen Gemeinde, die heute vor allem mit dem Wirken des Paulus verbunden ist, kirchengeschichtlich allerdings vollauf durchgesetzt, haben sich die Wege zwischen Judentum und Christentum getrennt, ja, ist überhaupt erst so etwas wie eine eigenständige christliche Religion entstanden und sind die Jakobusklauseln im Dunkeln der Geschichte verschwunden: Weder sind männliche Christen heute aus religiösen Gründen beschnitten noch verzichten Christen per se auf ein Steak *medium-rare*. Das nämlich wäre nach dem, was die Jakobusklauseln zum Blut sagen, schlichtweg für Christen ungeniessbar.

Die Jerusalemer Versammlung in der Mitte des 1. Jahrhunderts ist freilich so umsichtig und klug, der Versuchung der Macht eindimensionaler Entscheidungen zu widerstehen. Sie öffnet neue Türen, die bisher nur in Antiochia offen waren, und behält dabei doch auch jene im Blick, für die jeder noch so kleine offene Spalt eigentlich viel zu viel ist. Damit schafft die frühe Jesusbewegung einen beeindruckenden Spagat zwischen Reformen und einer grundlegenden Offenheit für Neues auf der einen und Traditionen und ihrer Bewahrung auf der anderen Seite. Beides in einer klugen Balance zu halten, dazu ermutigt die Jerusalemer Versammlung.

Stürmische Zeiten für Schiffe und Gemeinden (Apg 27,1–44)

Dass hierarchische Spitzenfiguren der Versuchung der Macht erliegen und einsame Entscheidungen treffen können, ist auch am Ende der erzählten Welt der Apostelgeschichte nochmals Thema. Paulus befindet sich auf einem Schiff. Und obwohl Reeder, Steuermann und hohe Offiziere dabei sind, werden Entscheidungen durch Mehrheitsbeschlüsse aller Anwesenden gefasst. Und wenn es Spitz auf Knopf steht, dann sind Menschen wichtiger als wertvolle Inhalte – ein eindrückliches Bild, das Lukas von einem Schiff und seiner Besatzung zeichnet, in dem sich auch Gemeindestrukturen spiegeln.

* * *

«Ein Schiff, das sich Gemeinde nennt, fährt durch das Meer der Zeit. Das Ziel, das ihm die Richtung weist, heisst Gottes Ewigkeit. Das Schiff, es fährt vom Sturm bedroht durch Angst, Not und Gefahr, Verzweiflung, Hoffnung, Kampf und Sieg, so fährt es Jahr um Jahr. Und immer wieder fragt man sich: Wird denn das Schiff bestehn? Erreicht es wohl das grosse Ziel? Wird es nicht untergehn? Bleibe bei uns, Herr! Bleibe bei uns, Herr, denn sonst sind wir allein auf der Fahrt durch das Meer. O bleibe bei uns, Herr!»

Dieses Lied des reformierten Kirchenmusikers Martin Gotthard Schneider aus dem Jahr 1963 (© by Gustav Bosse Verlag, Kassel) kennen viele von uns. Es besingt die Gemeinde, ja die Kirche insgesamt. Sie ist das bedrohte Schiff auf seinem

Weg und die Glieder der Kirche sind in ihren unterschiedlichen Funktionen auf dem Schiff dabei. Manche sind Teil der Passagiere, bei anderen hat man den Eindruck, dass sie vielleicht auch nur Teil der Ladung oder gar Ballast sind, und wieder andere fungieren als Leichtmatrosen, Rudergänger oder Smut. Und ja, den Herrn Kapitän oder – je nach Kirchenverfassung – auch die Frau Kapitänin gibt es natürlich auch. Die dritte Strophe des Liedes nimmt diese Mannschaft beinahe martialisch in die Pflicht: «Im Schiff, das sich Gemeinde nennt, muss eine Mannschaft sein, sonst ist man auf der weiten Fahrt verloren und allein. Ein jeder stehe, wo er steht, und tue seine Pflicht; wenn er sein Teil nicht treu erfüllt, gelingt das Ganze nicht.»

Schon die Kirchenväter verwenden das Schiff als Bild für die Kirche und knüpfen dabei gerne an Erzählungen aus den Evangelien an, die Jesus und seine Schüler im Boot zeigen (vgl. etwa Mk 4,35–41; Mt 14,22–33; Lk 5,1–11). Auch die Apostelgeschichte kennt im Rahmen der Paulusreisen Schiffsfahrten (Apg 20,13; 21,2; 28,11) und kann in Apg 27,1–44 sogar eine waschechte und mit vielen nautischen Details versehene Sturmfahrt- und Schiffbruchgeschichte erzählen, wie sie typisch für antike Romanliteratur ist. Diese Geschichte freilich erzählt auch so etwas wie ein speziell lukanisches Bild von Gemeinde, denn auf diesem Schiff feiert Paulus mit den Mitreisenden etwas, das einer Herrenmahlfeier nicht unähnlich ist: Paulus nimmt Brot, dankt Gott, bricht das Brot, isst und alle übrigen Anwesenden, die auf dem Schiff mitfahren – insgesamt 276 Seelen –, essen augenscheinlich auch (Apg 27,35–37). Diese 276 um das gebrochene Brot Versammelten sind eine bunte Truppe und die Reise verläuft alles andere als unfallfrei. Doch der Reihe nach.

Apg 27 erzählt einen Teil der Reise des Paulus, die er als Gefangener nach Rom unternimmt. In Apg 25,11 f. hatte Paulus das ihm als römischem Bürger zustehende Recht eingefordert, seinen Prozess vor dem Kaiser in Rom führen zu lassen, und die Kapitel 25–26 erzählen von Reden des Paulus und Gesprächen zwischen dem jüdischen König Agrippa und dem römischen Statthalter Festus. Beide finden bei Paulus letztlich keine gravierende Schuld, sondern attestieren ihm, dass er frei sein könnte, wenn er sich nicht für den Prozess vor dem Kaiser entschieden hätte (Apg 26,32). Paulus freilich will nach Rom und nutzt dafür gleichsam die Transportmöglichkeit, die sich ihm als kaiserlicher Gefangener bietet. Apg 27 erzählt nun von dieser Seereise des Gefangenen Paulus und seiner Reisebegleiter, die in Cäsarea Maritima ihren Ausgang nimmt und über verschiedene Zwischenstationen zunächst bis nach Malta führt (Apg 28,1).

Der erste Abschnitt dieser Reise (Apg 27,1–8) steht noch unter einem relativ günstigen Stern. Paulus und seine Begleiter werden einem römischen Zenturio namens Julius übergeben. Dieser und seine Truppe reisen mit den Gefangenen per Schiff nach Westen Richtung Italien. Das Schiff wählt dabei eine küstennahe Route und steuert immer wieder Handelszentren in der römischen Provinz Asien (in der heutigen Türkei) an. Paulus, seine Begleiter und die römischen Soldaten sind also Passagiere an Bord eines Handelsschiffes. In Myra müssen die Passagiere das Schiff verlassen und steigen auf ein aus Alexandria in Ägypten stammendes Schiff um, das nach Italien fährt und in der Hauptsache Weizen aus Ägypten, der Kornkammer Roms, transportiert (V. 38). Dieser Teil der Reise kostet nun bereits einige Zeit, weil die Winde für das Segelschiff ungünstig stehen (V. 7); die Reise endet zunächst im vielversprechenden Ort «Schöne Häfen» auf der Insel Kreta.

Die Weiterreise verzögert sich, so dass die Reisegruppe in die Sturmsaison gerät. Paulus erkennt das messerscharf und warnt vor der ins Auge gefassten Abfahrt. Allein: Er dringt nicht durch:

¹⁰ Männer, ich sehe, dass mit Schaden und viel Verlust nicht nur für die Ladung und das Schiff, sondern auch für unser Leben sich vollziehen wird die Schifffahrt. ¹¹ Der Zenturio aber gehorchte mehr dem Steuermann und dem Reeder als dem von Paulos Gesagten. ¹² Da aber der Hafen ungeeignet war zur Überwinterung, fassten die Mehreren (den) Entschluss, abzufahren von dort, ob sie vielleicht überwintern könnten, hinkommend nach Phoinix, einem Hafen von Kreta, schauend nach Südwesten und nach Nordwesten. ¹³ Da aber leicht zu wehen anfing (der) Südwind, meinten sie, den Vorsatz festhalten zu können, (und) lichtend (den Anker) fuhren sie nahe vorbei an Kreta.

Höchst seltsam mutet für uns an, was Lukas erzählt: Paulus bringt seine Warnung vor. Dass er das überhaupt tun kann, liegt an der bereits in V. 3 notierten Menschenfreundlichkeit des Zenturios, der Paulus gegenüber freundlich eingestellt ist. Aber mit seiner Mahnung dringt Paulus nicht durch. Denn der Zenturio setzt auf das Urteil von Steuermann und Reeder, die in Seefahrtsdingen natürlich erfahren sind. Aber auch die entscheiden nicht allein. Tatsächlich notiert V. 12, dass ein Mehrheitsbeschluss über das weitere Vorgehen getroffen wird. Das wirkt für die Seefahrt überraschend. Man würde vermuten, dass Besitzer und Steuermann des Schiffes den Ausschlag geben und eine Entscheidung treffen. Aber dem ist nicht so. Die Kompetenz aller Beteiligten scheint gefragt zu sein, wie dies tatsächlich zuweilen in der antiken Seefahrt auch der Fall war.

Paulus sollte freilich Recht behalten. Kaum abgereist, kommen Sturmwinde auf, und das Schiff gerät in schwere Seenot (V. 14). Alle Manöver und Rettungsversuche, die Lukas minutiös beschreibt, scheitern, und nach drei Tagen wirft die Mannschaft Teile der Ladung und Schiffsgeräte über Bord, um das Schiff zu erleichtern und das Aufgrundlaufen zu verhindern (V. 15–19). Fehlende Sonne und Sterne verhindern die Navigation, und die Hoffnung auf Rettung schwindet. In dieser Situation und von Seekrankheit gezeichnet, stellt die Mannschaft sogar die Nahrungsaufnahme ein. Übelkeit macht sich breit (V. 20 f.). Es ist Paulus, der dann das Wort an Deck ergreift (V. 21–25):

> [21] Es wäre zwar nötig (gewesen), Männer, mir gehorchend nicht abzufahren von Kreta und zu vermeiden diesen Schaden und Verlust. [22] Und in Bezug auf das Jetzt mahne ich euch, guten Mutes zu sein; denn es wird keinen Verlust eines Lebens von euch geben, ausser (den) des Schiffes. [23] Denn (es) trat zu mir in dieser Nacht ein Engel des Gottes, dem [ich] gehöre, dem ich auch diene, [24] sagend: Fürchte dich nicht, Paulos! Du musst vor den Kaiser treten, und siehe, geschenkt hat dir Gott alle Segelnden mit dir. [25] Deshalb seid guten Mutes, Männer! Denn ich vertraue Gott, dass es so sein wird, wie zu mir geredet worden ist.

Zwar mit einem leicht besserwisserischen Tonfall im Sinne eines «Ich habe es euch doch gesagt», aber doch ohne grössere Gram macht Paulus allen Anwesenden Mut. Sein Gottvertrauen lässt ihn nicht zweifeln, dass die Sache gut ausgehen wird, auch wenn Paulus bereits vor Augen steht, dass die Gruppe temporär auf einer Insel stranden wird (V. 26). Und so kommt es auch. Die Mannschaft lotet die Tiefe des Meeres kontinuierlich aus, merkt, dass das Schiff in flacheres Gewässer gerät, und wirft vier Anker über Heck aus, um die Fahrt zu verlangsamen und abzusichern. In höchster Not beschliessen dann die Seeleute, das Schiff aufzugeben, um im Rettungsboot ihr Heil zu suchen (V. 30). Paulus verhindert das gemeinsam mit dem Zenturio Julius. Denn Paulus ist überzeugt, dass man nur gemeinsam die Situation überstehen kann und die fliehenden Seeleute verloren sind, wenn sie nicht an Bord bleiben.

Die Soldaten glauben Paulus und kappen die Taue des Rettungsbootes, bevor einer der Seeleute es besteigen kann. Das Beiboot ist verloren, die Mannschaft indes nicht. Diesen Tiefpunkt, an dem die Gruppe an Bord im Begriff war, in Teile zu zerfallen, nutzt Paulus für eine weitere Rede an Deck, an die sich eine hochsymbolische Handlung anschliesst, die ihre Wirkung nicht verfehlt (V. 33–38):

> [33] Bis aber Tag werden wollte, ermutigte Paulos alle, Nahrung zu sich zu nehmen, sagend: Heute, (den) vierzehnten Tag zuwartend, verharrt ihr appetitlos, nichts zu euch nehmend. [34] Deshalb ermutige ich euch, Nahrung (zu euch) zu nehmen; denn dies ist zu eurer Rettung; denn von keinem von euch wird ein Haar vom Kopf zugrunde gehen. [35] Dieses aber sprechend und Brot nehmend, dankte er Gott vor allen, und (es) brechend, fing er an zu essen. [36] Es wurden aber guten Mutes alle, und sie nahmen selbst Nahrung zu sich. [37] Wir waren aber alle Seelen auf dem Schiff zweihundertsechsundsiebzig. [38] Gesättigt aber mit Nahrung, erleichterten sie das Schiff, hinauswerfend den Weizen ins Meer.

Versammelt um Paulus und geeint durch das Essen des gebrochenen Brotes wird Mut geweckt und entsteht von neuem Gemeinschaft an Bord, so dass die lukanische Erzählstimme, die in V. 37 in die erste Person Plural («wir») verfällt, die Seelen an Bord zählen kann: 276. Auf diese 276, zu denen Paulus selbst gehört, kommt es an. Nicht auf das Schiff selbst oder auf die Ladung, die bereits in V. 18 in Teilen über Bord geworfen worden ist. Nun wirft man auch das Hauptladungsgut, den für Rom bestimmten Weizen aus Ägypten über Bord.

Die Sturmfahrtgeschichte des Lukas steuert auf ihr Finale zu. Das Schiff nähert sich einer Insel, soll auf einen flachen Sandstrand auflaufen, die Ankertaue werden gekappt, aber das Schiff gerät auf eine Sandbank vor der Küste, läuft auf

Die Wir-Passagen der Apostelgeschichte

Es ist eine Eigentümlichkeit der Apostelgeschichte, dass die Erzählstimme in vier Passagen, die allesamt mit Reisen des Paulus verbunden sind, in die erste Person Plural verfällt und von «wir» und «uns» spricht. Das ist in Apg 16,10–17; 20,5–15; 21,1–18 und 27,1–28,16 der Fall. Erzählerisch erweckt das den Eindruck unmittelbarer Präsenz der Erzählstimme beim Geschehen, wirkt lebendig und unterstreicht die Glaubwürdigkeit des Erzählten, weil es auf einen Augenzeugen zurückzugehen scheint. Dieses Phänomen hat zur Vermutung geführt, dass der Autor der Apostelgeschichte, den wir Lukas nennen, obwohl sein Name im Text der Apostelgeschichte nicht eigens als Autor genannt wird, ein Reisebegleiter des Paulus war. Dies wird freilich umso unwahrscheinlicher, je weiter man die Apostelgeschichte an das Ende des 1. oder den Anfang des 2. Jahrhunderts n. Chr. datiert, weil der zeitliche Abstand zum historischen Paulus dann sehr gross wäre und der Autor Lukas ein sehr hohes Alter erreicht haben müsste. Hinzu kommt, dass man nicht einfach die Erzählstimme eines Textes mit dem Autor des Textes gleichsetzen kann. Daher könnte es sich auch um einen literarischen Kunstgriff handeln, den sich der Autor leistet, um seiner Erzählstimme besondere Zuverlässigkeit zu verleihen. Auch möglich ist schliesslich, dass in diesen Passagen der Autor des Textes eine literarische Quelle verarbeitet, die sich einem Reisebegleiter des Paulus verdankt und dabei den «Wir-Stil» der Quelle beibehalten hat.

und zerbricht. Wer schwimmen kann, rettet sich selbst an Land, wer es nicht kann, treibt auf Planken und anderen Resten des Schiffes Richtung Ufer. Am Ende sind zwar Schiff und Ladung verloren, aber alle Menschen gerettet (V. 44).

Mit dieser grossartigen und an spannender Dramatik kaum zu überbietenden Erzählung entwirft Lukas erneut eine Art Vision vorbildlicher Anfänge. Wieder sind es vorbildliche Konflikt- und Problemlösungen im Rahmen eines durch die Schiffsplanken begrenzten Sozialverbandes, die Lukas vor

Augen stellt, um Widerstand gegen die fatale Versuchung der Macht einsamer Entscheidungen zu leisten. Zu diesem Sozialverband gehören nach V. 37 276 Menschen. Das ist vielleicht keine ganz zufällig gewählte Zahl, sondern ist möglicherweise die Grösse einer aus mehreren Hausgemeinden bestehenden Stadtgemeinde, wie sie für die Zeit des Lukas durchaus vorstellbar sind. So oder so: Die Situation um Paulus auf dem Schiff und die Zusammensetzung der Gruppe der 276 erinnert nicht nur mit Blick auf die konkrete Zahl, sondern auch hinsichtlich des Brotritus an eine frühchristliche Gemeinde. Die Leserinnen und Leser der Apostelgeschichte, für die Lukas nautisch geradezu meisterhaft präzise diese Geschichte erzählt, können aus dieser Erzählung über Wohl und Wehe von Problem- und Konfliktlösungen und das Miteinander eigentlich hierarchisch klar gegliederter Gruppen einiges lernen. Der Zenturio befiehlt den Soldaten, Reeder und Steuermann der Mannschaft, und die Gefangenen haben eigentlich nichts zu sagen – normalerweise! Hier aber zeigt sich:

An Bord wird miteinander geredet und um den richtigen Weg ehrlich gerungen. Und so sollte es im «Schiff, das sich Gemeinde nennt», für Lukas eben auch sein. Auf diesem Schiff entscheidet dann nach der Diskussion überraschenderweise die Mehrheit, obwohl Offiziere (Hauptmann, Steuermann) und sogar der Schiffsbesitzer an Bord sind: Demokratie sticht Hierarchie – jedenfalls in dieser Erzählung der Apostelgeschichte. Das mag es da und dort in antiker Seefahrt im Fall von Krisenszenarien durchaus auch wirklich gegeben haben. Denn es ist eine kluge Taktik, die Kompetenz und Erfahrung aller Beteiligten bei der Lösung von Problemen einzubinden. Für uns freilich überraschend bleibt, dass am Ende auf diesem Schiff ein Mehrheitsbeschluss herbeigeführt wird und nicht Steuermann und Reeder nach Anhörung eines Beratungsgremiums entscheiden. Hierarchie wird von Lukas gezügelt und die Versuchung der Macht einsamer Entscheidungen eingebremst.

Das muss auf diesem Schiff auch Paulus miterleben, der als Impulsgeber und Gottesmann auf dem Sozialkörper «Schiff» eine klare Option vertritt, raten, mahnen, warnen und ermutigen kann. Das ist hochwillkommen und würde sogar manche Krise vermeiden helfen. Gottesmenschen braucht es, wie es Propheten für den Sozialkörper des Gemeindeleibes in Korinth brauchte (1 Kor 14), damit die Gemeinde auferbaut wird; sie sind auch in der erzählten Welt von Apg 27 nötig, um die Mannschaft am Ball und das Schiff letztlich doch auf Kurs zu halten. Aber – und das darf man eben nicht überlesen – sie setzen sich nicht zwingend mit ihren Optionen durch. Und wichtiger noch: Sie akzeptieren dies. Gottesmenschen machen Angebote und argumentieren für Optionen. Aber sie erzwingen nicht ihre Durchsetzung, genauso wenig wie Steuermann, Zenturio und Reeder einfach befehlen und alle ihnen folgen müssen. Impulsgeber und Gottesmenschen wie Paulus zeichnet dabei ein nahezu unverbrüchliches Gottvertrauen aus – auch dann, wenn das Schiff Gemeinde nicht in die Richtung segelt, die sie sich gewünscht haben und die sie für die richtige halten. Gott führt das Schiff an sein Ziel. Und was dieses Ziel ist, weiss im Letzten allein Gott. Der Versuchung, sich selbst mit Gott zu identifizieren und sich beinahe an die Stelle Gottes zu setzen, erliegt Paulus nicht, obwohl er sich mit Gott und seinen Engeln zutiefst verbunden fühlt und um Gottes Führung weiss, die ihn nach Rom bringen wird. Und genau diese Überzeugung, das Gott Gutes will und wirkt und auch an ihm vorbeiwirken kann und sich alternative Wege auch als heilvoll erweisen können, macht Paulus gelassen. Das Schiff ist nicht in seiner, sondern in Gottes Hand. Und in dieser Hand ist es gut aufgehoben. Diese Gelassenheit à la Paulus steht allen Gottesmenschen gut an, die in der Zeit des Lukas für Gemeinden Verantwortung tragen: Ihre Option begründet vortragen, aber auf Gott und die Gemeinde vertrauen, das ist Paulusnachfolge nach Apg 27.

Und noch zwei Kleinigkeiten zum Schluss. Für den lukanischen Paulus ist evident, dass die Lösung für die Krise, in der sich das Schiff befindet, nur gemeinsam gefunden werden kann. Wenn ein Teil der Besatzung von Bord geht, das Schiff verlässt und aussteigt, ist das Ganze verloren. Und: Das Wohl der Menschen an Bord ist wichtiger als das Struktur gebende Inventar und die Ladung. Selbst der Weizen fliegt über die Bordwand. Ballast darf über Bord geworfen werden – Menschen nicht! All das schreibt Lukas am Ende des 1. oder Anfang des 2. Jahrhunderts n. Chr. seiner Gemeinde in ihre Apostelgeschichte. Und man reibt sich verwundert die Augen, wie hellsichtig und die Zeiten überdauernd Lukas vom Schiff, das sich Gemeinde nennt, schreiben konnte ...

Klerikalismus und die Versuchung der Macht: Bleibend Bedenkenswertes

Unsere Reise zu den Versuchungen der Macht im Neuen Testament, die wir im Markusevangelium begonnen und mit der Apostelgeschichte beschlossen haben, kommt an ihr Ende. Und dieses Ende ist durchaus ein abruptes, künstliches. Von den 27 Schriften des Neuen Testaments haben wir nur vier besucht – ja «nur». Versuchungen der Macht gibt es noch an vielen anderen Orten in der Textwelt des Neuen Testament zu entdecken. Unsere Reise hat uns zu äusserst machtkritischen Stimmen wie dem Markusevangelium geführt, wir waren zu Gast bei Texten, die machtvolles Handeln von Einzelnen oder von Gruppen nicht rundheraus ablehnen, aber doch Mächtige in ihre Schranken weisen. Wir sind auf Schüler und Apostel Jesu getroffen, die mit den Versuchungen der Macht bravourös umgehen – und auf solche, die an diesen Versuchungen krachend scheitern. Und wir konnten miterleben, wie Gemeindegruppen von einer bunten Vielfalt der Versuchungen der Macht herausgefordert werden. Was bleibt davon für die Gegenwart bedeutsam?

* * *

Biblische Texte sind zwar Dokumente vergangener Tage, aber sie haben trotzdem uns etwas zu sagen. Als Heilige Schrift, die im Christentum bleibende Bedeutung hat, ist die Bibel auch heute relevant, ja die Kirche Gottes erhebt den Anspruch, dass sie sich auf das biblische Zeugnis gründet und dauerhaft darauf verwiesen ist. Das gilt dann auch für manches von dem, was wir in diesem Buch kennengelernt haben. Es hat Gegenwartsbedeutung. Natürlich: Von den in diesem Buch untersuchten Texten und ihren Welten trennen uns knapp 2000 Jahre Geschichte und christliche Tradition. Unsere Lebenswelt ist nicht die der ersten Christinnen und Christen. Und es wäre ein echter Fehlschluss, wollte man die biblischen Texte und ihre Optionen eins zu eins in unsere Zeit übertragen. Ein plattes «Wir wollen jetzt neu nach der Bibel leben!» wird weder unserer Gegenwart noch den 2000 Jahren Traditionsgeschichte noch und vor allem nicht den biblischen Texten gerecht. Letztere sind zunächst nicht für uns geschrieben worden, sondern für Gemeinden des 1. und 2. Jahrhunderts n. Chr. Es ist Aufgabe der Bibelwissenschaft, im Zusammenspiel mit den anderen theologischen Disziplinen herauszuarbeiten, *wie* biblische Texte für die Gegenwart Bedeutung haben können und *was* an ihnen sachlich gegenwartsrelevant ist – und das ist mehr als «nur» die gemeinsamen Glaubensüberzeugungen theologisch-inhaltlicher Natur, die seit den Tagen der ersten Christen zum Glaubenszeugnis des Christentums gehören.

Der Münsteraner Dogmatikprofessor Michael Seewald hat in einem lesenswerten Buch («Reform. Dieselbe Kirche anders denken» [Freiburg i. Br. 2019]) den schönen Satz geprägt, er wolle mit seinem Buch den «*Spielraum des Möglichen* für Reformen in der katholischen Kirche» ausloten (10). Zu diesen Spielräumen des Möglichen gehört nach meinem Dafürhalten auch das biblische Fundament. Biblische Texte sind – um das Bild vom Raum noch etwas weiter auszuspielen – sozusagen das erste *Spielfeld*, um über Reformen in der Kirche nachzudenken. Denn Traditionen, die durch das biblische Zeugnis belegt sind, gehören von Anfang an zum Traditionsschatz der Kirche und damit zumindest potenziell zum Spielraum des Möglichen in der Kirche, auch wenn manches von ihnen unter 2000 Jahren Geschichte verschüttet liegt.

Und das gilt auch für die Frage, wie man mit Macht in der Kirche umzugehen hat. Die neutestamentlichen Texte dieses Buches zeigen auf, was in den Grunddokumenten der Kirche selbst in Sachen Macht steht, wie machtkritisch die Jesusbewegung an ihren Ursprüngen eigentlich war und welche Modelle und vor allem inhaltlichen Leitlinien biblische Texte entwickelt haben, um mit Macht in der Jesusbewegung umzugehen. Das Spielfeld «Bibel» ist dabei ein vielfältiges und buntes; seine Spielfeldbegrenzungen sind weit und zuweilen kaum zu erkennen. Es bietet nie nur eine Antwort in Machtfragen, sondern nennt unterschiedliche Optionen im Umgang mit Macht und den Versuchungen der Macht. Nimmt man die Bibel als Spielraum des Möglichen für Reformen in der Kirche ernst, dann zeigen die Texte des Matthäus, Markus, Lukas und Paulus, dass Denkverbote in Sachen Machtfragen in der Kirche fehl am Platz sind und die Spielräume für Reformen und auch für bewusste Ungleichzeitigkeiten in der Kirche gross sind. Es ist jedenfalls nicht zu erkennen, dass die Einheit der Jesusbewegung im Neuen Testament unter dieser Vielfalt leidet. Verschiedene Gemeinden finden zur selben Zeit an unterschiedlichen Orten unterschiedliche Formen, um mit Macht, mit Ämtern, Funktionen und Prozessen des Entscheidens umzugehen und sie zu leben.

Keine Frage: Wo Menschen in Gemeinschaft miteinander leben, wird es immer Verantwortungsträger geben, immer werden Entscheidungen auch gegen Widerstände zu treffen sein, und immer gibt es Macht und Hierarchie. Auch in der Demokratie herrscht das durchaus machtvolle Prinzip des Mehrheitsentscheids, abgefedert allerdings durch das Prinzip der Volkspartei und den Minderheitenschutz. Wirklich machtfreie Räume gibt es nicht. Das war auch schon an den Anfängen der Jesusbewegung so, wie die neutestamentlichen Texte zeigen. Wenn das stimmt, dann muss es mit Blick auf Macht in der Kirche und die Versuchungen der Macht zuallererst darum gehen, den Umgang mit Macht in der Kirche zu reflektieren, diesen Umgang zu kultivieren, aus der Schmuddelecke des Klerikalismus und den Hinterzimmern der Macht herauszuholen, über Macht und Machtausübung zu sprechen und Macht in der Kirche zukünftig anders zu leben. Für dieses «anders» bietet das Spielfeld «Bibel» mit seinen unterschiedlichen Traditionen reichlich Anregungen, Herausforderungen und Ermutigungen.

Wie dieses «anders» konkret aussieht, dafür gibt es in den gegenwärtigen Debatten um die Missbrauchs- und Klerikalismuskrise reichlich Vorschläge. Manche Bischöfe etwa setzen auf das Modell des freiwilligen Machtverzichts und fordern die Einführung einer kirchlichen Verwaltungsgerichtsbarkeit, der sie sich dann auch selbst unterstellen. Priester eines Dekanates in Deutschland unterzeichnen eine Erklärung, in der sie sich dazu verpflichten, ihre Rolle transparent zu machen, kooperativ auszuüben und Machtkonstellationen zu verändern. Ganze Bistumsregionen diskutieren über das Lernen von Leitung und Führung in der Kirche, gehen also davon aus, dass man nicht durch eine Weihe auch automatisch das Charisma der Leitung hat, sondern dass kluges Leiten auch ein Lerngegenstand ist. Theologieprofessoren fordern echte Strukturreformen und mehr Demokratie in der Kirche und setzen auf Druck von unten, von der kirchlichen Basis – und auch von staatlicher Seite. Die Schweizerische Kirchenzeitung hat in Grossauflage ein Heft publiziert (Jahrgang 188 Nr. 6 vom 26. März 2020), das sich in der Sache differenziert und kritisch mit kirchlicher «Macht in Frage» beschäftigt. Das Thema brennt, und unterschiedliche Optionen, Möglichkeiten und Wege – weit mehr als die hier genannten – liegen auf dem Tisch. Die neutestamentlichen Texte ermutigen uns, Macht in der Kirche anders zu gestalten und dabei neue Wege auszuloten und Ungleichzeitigkeiten zu leben. Sie ermutigen uns zum Kulturwandel, ja zur Kultivierung und Zähmung von

Macht. Sie fordern scheinbar Machtlose und institutionell Mächtige in der Kirche auf, ihren Umgang mit Macht und scheinbarer Ohnmacht zu überprüfen, sie fordern uns – auch das ein zutiefst biblisches Motiv – zur Umkehr und Haltungsänderung auf. So unterschiedlich unsere biblischen Texte mit den Versuchungen der Macht umgehen, so einig sind sie sich darin, dass Klerikalismus eine solche Versuchung ist. Und sie trauen uns zu, diese Versuchung zu bestehen. Fangen wir an.

HIRTEN-TEAM

Literaturhinweise

Wer den Überlegungen dieses Buches weiter nachgehen oder noch genauer auf den Grund gehen möchte, der findet dafür reichlich Material in wissenschaftlichen Büchern und Aufsätzen. Die folgende alphabetisch geordnete Auswahlbibliografie nennt einige Titel in Auswahl, die mich beim Schreiben der Miniaturen dieses Buches begleitet haben. Am Ende der Liste stehen einige meiner eigenen Beiträge, in denen ich manches von dem, was hier anklingt, vertieft dargestellt habe.

Ebner, Martin: «Kinderevangelium» oder markinische Sozialkritik? Mk 10,13–16 im Kontext, in: Jahrbuch für Biblische Theologie 17 (2002) 315–336.
– «Zurück zu den Ursprüngen!» Widerstand gegen die Macht eines Einzelnen. Neutestamentliche Fundamente eines Petrusamtes, in: Welt und Umwelt der Bibel. Sonderheft (2006) 15–21.
– Jesus von Nazaret. Was wir von ihm wissen können, Stuttgart 2007 (verschiedene Auflagen).
– Das Markusevangelium. Neu übersetzt und kommentiert, Stuttgart 2008 (verschiedene Auflagen).
– /Schreiber, Stefan (Hg.): Einleitung in das Neue Testament (KStTh 6), Stuttgart 2008 (verschiedene Auflagen).
Fiedler, Peter: Das Matthäusevangelium (Theologischer Kommentar zum Neuen Testament 1), Stuttgart 2006.
Gäckle, Volker: Die Starken und die Schwachen in Korinth und in Rom. Zur Herkunft und Funktion der Antithese in 1 Kor 8,1–11,1 und Röm 14,1–15,13 (WUNT II/200), Tübingen 2005.

Iersel, Bastiaan Martinus Franciscus van: Markus. Kommentar, Düsseldorf 1993.
Klauck, Hans-Josef: 1. Korintherbrief (NEB.NT 7), Würzburg ³1992.
– Von Kassandra bis zur Gnosis. Im Umfeld der frühchristlichen Glossolalie, in: ders.: Religion und Gesellschaft im frühen Christentum. Neutestamentliche Studien (WUNT 152), Tübingen 2002, 119–144.
– Mit Engelszungen? Vom Charisma der verständlichen Rede in 1 Kor 14, in: ders.: Religion und Gesellschaft im frühen Christentum. Neutestamentliche Studien (WUNT 152), Tübingen 2002, 145–167.
– «Leib Christi» – Das Mahl des Herrn in 1 Kor 10–12, in: ders.: Religion und Gesellschaft im frühen Christentum. Neutestamentliche Studien (WUNT 152), Tübingen 2003, 194–202.
Konradt, Matthias: Das Evangelium nach Matthäus (NTD 1), Göttingen 2015.
Lampe, Peter: Das korinthische Herrenmahl im Schnittpunkt hellenistisch-römischer Mahlpraxis und paulinischer Theologia Crucis (1Kor 11,17–34), in: Zeitschrift für die Neutestamentliche Wissenschaft und die Kunde der Älteren Kirche 82 (1991) 183–213.
Lüke, Nathanael/Pauling, Daniel: Teufels Braten. Opferfleisch in der paganen und frühchristlichen Antike, in: Dreischer, Stephan u. a. (Hg.): Jenseits der Geltung. Konkurrierende Transzendenzbehauptungen von der Antike bis zur Gegenwart, Berlin 2013, 67–84.
Luz, Ulrich: Das Evangelium nach Matthäus, Bd. 1–4 (EKK I/1–4), Zürich/Neukirchen-Vluyn 1990–2002 (in verschiedenen Auflagen).
– Die Jesusgeschichte des Matthäus, Neukirchen-Vluyn 1993.
– Das Herrenmahl im Neuen Testament, in: Bibel und Kirche 57 (2002) 2–8.
Neuberth, Ralph: Kein Aufbruch ohne Volk. Ermutigungen aus der Apostelgeschichte, in: Bibel und Kirche 68 (2013) 70–75.

– Demokratie im Volk Gottes. Untersuchungen zur Apostelgeschichte (SBB 46), Stuttgart 2001.

Seewald, Michael: Reform. Dieselbe Kirche anders denken, Freiburg i. Br. 2019.

Eigene Arbeiten mit Bezug zu den Themen dieses Buches in chronologischer Reihenfolge

Gasthäuser im Urchristentum. Eine Spurensuche im lukanischen Doppelwerk, in: Diakonia 44 (2013) 8–13.

Fieberfrei auf dem Weg Jesu («Die Heilung der Schwiegermutter des Petrus»). Mk 1,29–31 (Mt 8,14f.), in: Zimmermann, Ruben (Hg.): Kompendium der frühchristlichen Wundererzählungen. Bd. 1: Die Wunder Jesu, Gütersloh 2013, 214–220.

Kirchenträume. Ein Kommentar zur Apostelgeschichte (Erzählungen der Bibel 7), Freiburg (Schweiz)/Stuttgart 2014 (gemeinsam mit Heinrich Krauss).

«Wenn einer hinter mir nachfolgen will ...» Konturen markinischer Jesusnachfolge, in: Theologie der Gegenwart 58 (2015) 2–15.

Alte Welt und neuer Weg. Eine kurze Einführung in die Apostelgeschichte, in: Bibel heute 202 (2015) 4–6.

Streit gehört dazu. Das sogenannte «Apostelkonzil», in: Bibel heute 202 (2015) 10–12.

«Auf zu neuen Ufern!» Vom Lesen und Verstehen der Apostelgeschichte, in: Katechetische Blätter 143 (2018) 247–253.

Der gekreuzigte Triumphator. Eine motivkritische Studie zum Markusevangelium (NTOA 114), Göttingen 2019.

Kluge Kompromisspolitik mit Schattenseiten. Beobachtungen zur Transformation jüdischer Heiligkeitsgesetzgebung in den Jakobusklauseln des frühen Christentums, in: Winkler, Ulrich (Hg.): Religion zwischen Mystik und Politik. «Ich lege mein Gesetz in sie hinein und schreibe es auf ihr Herz» (Jer 31,33). Ökumenische Beiträge aus dem Theologischen Studienjahr Jerusalem (JThF 35), Münster 2020, 103–135.

Bibelstellenregister

Lev 17–18   176

Dtn 19,15   86

Hos 6,6   95

Mal 3,23 f.   67

Mt 1,1–17   94
Mt 2,1–12   72, 95
Mt 4,18–20   76
Mt 5,19   68
Mt 6,9–15   90, 96
Mt 7,1–5   80, 96
Mt 7,2   97
Mt 7,3–5   96
Mt 7,12   80
Mt 8,5–13   95
Mt 8,10   95
Mt 9,6   71
Mt 9,9   88
Mt 9,9–13   95
Mt 9,13   96
Mt 10,5–8   95
Mt 11,19   79
Mt 13,52   76
Mt 14,22–33   80, 180

Mt 16,13–20   66 f., 69, 71, 75 f., 79, 82, 91
Mt 16,16–18   65
Mt 16,18   69 f.
Mt 16,18 f.   68, 71
Mt 16,19   63, 83, 90
Mt 16,20   68
Mt 18   75, 82
Mt 18,12–14   96
Mt 18,14   96
Mt 18,15–17   83–87, 89 f., 94–96
Mt 18,15–18   83 f., 91, 93
Mt 18,18   83, 90 f., 96
Mt 18,21–35   90
Mt 19,27   29
Mt 19,28   29
Mt 19,29   69
Mt 20,20–23   65
Mt 20,25–28   65
Mt 23   75, 80, 82
Mt 23,1   81
Mt 23,1–7.13   76
Mt 23,1–13   75 f., 91, 96
Mt 23,2   77
Mt 23,3   80
Mt 23,7   81
Mt 23,8   82, 84

Mt 23,8–12 81
Mt 23,13 77, 91
Mt 26,17–29 117
Mt 26,69–74 80
Mt 28,16–20 95

Mk 1–8 23 f.
Mk 1,13 24, 41
Mk 1,16–18 56
Mk 1,16–20 54
Mk 1,19 f. 56
Mk 1,20 57
Mk 1,23–28 53
Mk 1,29 37
Mk 1,29–31 24, 40
Mk 1,31 41
Mk 1,32 40
Mk 2,1–12 78
Mk 2,10 71
Mk 2,14 88
Mk 3,20 37
Mk 3,21–29 38
Mk 3,31 39
Mk 3,31–35 36–38, 40 f., 119
Mk 3,32 38
Mk 3,34 38, 40
Mk 3,35 37 f.
Mk 4,35–41 180
Mk 5,1–13 51
Mk 5,7–9 53
Mk 6,3 38 f.
Mk 6,7 53
Mk 6,13 53
Mk 6,35–44 25
Mk 8–10 25

Mk 8,22–10,52 23 f.
Mk 8,22–26 23, 42
Mk 8,27–30 67
Mk 8,27–10,45 42
Mk 8,31–32a 43
Mk 8,32b 43
Mk 8,33–38 44
Mk 8,34 24
Mk 9–10 25
Mk 9,9 67
Mk 9,14–29 53
Mk 9,17 f. 51
Mk 9,28–37 42
Mk 9,30–37 44 f., 47
Mk 9,31 43
Mk 9,32 45
Mk 9,32–34 43
Mk 9,34 f. 50
Mk 9,35 24, 46 f., 82
Mk 9,35–37 44
Mk 9,36 f. 46, 50
Mk 9,38 50
Mk 9,38–40 50 f., 65
Mk 10,28 28, 30, 57
Mk 10,28–31 28, 32, 34, 36, 40, 47
Mk 10,29 f. 29 f., 48, 69, 81
Mk 10,30 31, 40 f.
Mk 10,31 31
Mk 10,32–45 56, 61
Mk 10,33–35 43
Mk 10,35–40 57 f.
Mk 10,35–41 43
Mk 10,39 58
Mk 10,41 58
Mk 10,42–44 60

Bibelstellenregister 199

Mk 10,42–45 44
Mk 10,43 21, 82
Mk 10,43–45 24
Mk 10,44 82
Mk 10,45 27, 60f.
Mk 10,46–52 23, 42, 56
Mk 10,52 54, 56
Mk 11–16 23f.
Mk 14,36 58
Mk 14,50 61
Mk 15,27 61
Mk 15,40f. 24f.
Mk 15,41 54

Lk 2,1–20 72
Lk 5,1–11 180
Lk 5,24 71
Lk 10,18 78
Lk 11,20 78
Lk 18,29 32
Lk 19,2 88
Lk 19,8 89

Apg 1,9–11 147
Apg 2,1–13 139
Apg 2,3 139
Apg 2,4 139
Apg 2,9–11 140
Apg 2,13 139
Apg 3 53, 148, 157
Apg 3,1–26 147
Apg 3,6 53
Apg 3,6–10 148f.
Apg 3,12.16 149
Apg 4,32 165
Apg 4,32–37 153, 164

Apg 4,36 154
Apg 5,1–11 147, 153
Apg 5,2 154
Apg 5,4 154
Apg 5,8 154
Apg 6,1 164
Apg 6,1–6 159, 163–165, 168
Apg 6,2 164
Apg 6,5 145, 166
Apg 8 171
Apg 8–15 172
Apg 8,5 155
Apg 8,5–25 147, 155
Apg 8,9 147, 155
Apg 8,10f. 155
Apg 8,13 157
Apg 8,15–18 157
Apg 8,18–23 157
Apg 8,24 158
Apg 9,2 23
Apg 10–11 174
Apg 10,44 158
Apg 13,1 160f.
Apg 13,1–3 160f., 163
Apg 13,1–15,35 159
Apg 13,2 161
Apg 13,3 161f.
Apg 13,9 161
Apg 14,8–18 147, 150
Apg 14,11–13 150
Apg 14,14–18 151
Apg 14,27 162
Apg 15 163, 167f., 172
Apg 15,1 162, 176
Apg 15,1–4 172
Apg 15,1–35 170

Apg 15,2f. 163
Apg 15,4 167
Apg 15,5 173f.
Apg 15,6 167, 174
Apg 15,7–11 174
Apg 15,9 174
Apg 15,12 167, 174
Apg 15,19 167, 174
Apg 15,19f. 176
Apg 15,22 167
Apg 15,22–29 176
Apg 15,23 176
Apg 15,29 177
Apg 15,30 165
Apg 15,30f. 163
Apg 16 36
Apg 16,10–17 185
Apg 18,2.18.26 32
Apg 20,5–15 185
Apg 20,13 180
Apg 21,1–18 185
Apg 21,2 180
Apg 25–26 181
Apg 25,11f. 180
Apg 26,32 181
Apg 27 180, 187f.
Apg 27,1–8 181
Apg 27,1–44 179f.
Apg 27,1–28,16 185
Apg 27,3 182
Apg 27,7 181
Apg 27,10–13 182
Apg 27,12 182
Apg 27,14 182
Apg 27,15–19 183
Apg 27,18 184

Apg 27,20f. 183
Apg 27,21–25 183
Apg 27,26 183
Apg 27,30 183
Apg 27,33–38 184
Apg 27,35–37 180
Apg 27,37 184, 186
Apg 27,38 181
Apg 27,44 185
Apg 28,1 181
Apg 28,11 180

Röm 16,1 36
Röm 16,1f. 166
Röm 16,3.7 32
Röm 16,7 36, 166

1 Kor 8 101–105, 108, 110, 125, 135, 177
1 Kor 8,1 106, 131
1 Kor 8,4–6.8 104f.
1 Kor 8,5 104
1 Kor 8,6 104
1 Kor 8,7 105f.
1 Kor 8,8 104
1 Kor 8,9f. 105
1 Kor 8,10 105
1 Kor 8,11 99, 106f.
1 Kor 8,12 107
1 Kor 8,13 107f.
1 Kor 9,5 32, 41
1 Kor 10 101, 108
1 Kor 10,23–33 102
1 Kor 11,2 110
1 Kor 11,17 110f.

1 Kor 11,17–34   110, 114,
   141, 177
1 Kor 11,18   111
1 Kor 11,20   111
1 Kor 11,21   112f., 117
1 Kor 11,21f.   111
1 Kor 11,22   114
1 Kor 11,23–26   118
1 Kor 11,25   116
1 Kor 11,27–29   119
1 Kor 11,33   112, 121
1 Kor 11,34   121
1 Kor 12   123–125, 127,
   133, 137
1 Kor 12,1   124
1 Kor 12,3   124
1 Kor 12,4–6   127
1 Kor 12,4–11   126, 130f.
1 Kor 12,7   127
1 Kor 12,8–11   127
1 Kor 12,10   135
1 Kor 12,12–27   127
1 Kor 12,13   118, 127
1 Kor 12,15–25   128
1 Kor 12,27   130
1 Kor 12,28–31   130
1 Kor 12,29   131
1 Kor 12,30   133, 137
1 Kor 12,31   131
1 Kor 13   131–133, 140
1 Kor 13,1   134, 140
1 Kor 14   115, 133–136,
   139, 187
1 Kor 14,1   142
1 Kor 14,2–9   135f.
1 Kor 14,3   137, 142

1 Kor 14,4   137
1 Kor 14,5   142
1 Kor 14,6   137
1 Kor 14,9   137, 141
1 Kor 14,11   136
1 Kor 14,12   137, 140
1 Kor 14,13   142
1 Kor 14,14–19   141
1 Kor 14,18   135
1 Kor 14,23   139
1 Kor 14,23–25   139
1 Kor 14,26–28   143
1 Kor 14,29–33   144
1 Kor 14,39f.   144
1 Kor 15,20–28   79
1 Kor 16,19   32

2 Kor 12,4   134

Gal 2,1–10   177
Gal 3,26–28   118

1 Tim   166
2 Tim   166

Tit   166

Phlm 16   33